中国民间
文化遗产
抢救工程

THE PROJECT TO RESCUE CHINESE
FOLK CULTURAL HERITAGES

中国民间文化遗产抢救工程
THE PROJECT TO RESCUE CHINESE FOLK CULTURAL HERITAGES

《中国民间泥彩塑集成》 总主编：冯骥才
系国家社科基金特别委托项目中国民间文化遗产抢救工程系列成果之一

中国民间泥彩塑集成

《中国民间泥彩塑集成》总编委会

顾　　问：何燕明
总 主 编：冯骥才
副总主编：白庚胜　罗　杨　向云驹
执行总主编：张　锠
编　　委：（按姓氏笔画为序）
　　　　　于志海　王锦强　王瑶安　冯骥才　白庚胜　向云驹
　　　　　刘铁梁　刘笑海　朱建平　李晓阳　沈大授　陈向军
　　　　　张　锠　张宏岳　杨继国　罗　杨　郑一民　赵　书
　　　　　赵健磊　夏挽群　梁位亨　倪宝诚　崔　锦　傅功振
　　　　　简向东　潘鲁生

《中国民间泥彩塑集成·泥人张卷》工作委员会

主　　任：张　锠　崔　锦
副 主 任：赵健磊　张宏岳
委　　员：张　锠　崔　锦　张宏岳　赵健磊　傅长圣　郑于鹤
　　　　　刘玉庭　骨建国　喻建辉

《中国民间泥彩塑集成·泥人张卷》编委会

主　　编：张　锠
副 主 编：赵健磊　张宏岳
委　　员：张　锠　崔　锦　张宏岳　赵健磊
摄　　影：许　涿　张　建
装帧设计：任　宇　华彩瑞视

目录

总序
    捏型绝技传中外　塑绘奇才贯古今　　　　　　张　锠　　零零贰

"泥人张"卷序
    技近乎道　　　　　　　　　　　　　　　　　　赵健磊　　零零捌

"泥人张"彩塑总概
    "泥人张"彩塑产生的背景　　　　　　　　　　　　　　　零壹肆
    "泥人张"彩塑的繁衍与发展　　　　　　　　　　　　　　零壹陆
    "泥人张"彩塑艺术家族传承谱系　　　　　　　　　　　　零贰陆
    "泥人张"彩塑的风物背景与地域心理　　　　　　　　　　零贰捌
        风物情怀　　　　　　　　　　　　　　　　　　零贰捌
        风俗教化　　　　　　　　　　　　　　　　　　零贰玖
    "泥人张"彩塑的艺术特征　　　　　　　　　　　　　　　零叁零
        立足民间、题材多样　　　　　　　　　　　　　零叁零
        以善为美、以形写神　　　　　　　　　　　　　零叁零
        小中见大、内容丰富　　　　　　　　　　　　　零叁壹
        以线为形、以线为美　　　　　　　　　　　　　零叁贰
        随类赋色、和谐统一　　　　　　　　　　　　　零叁叁
        气韵生动、意境深远　　　　　　　　　　　　　零叁叁
    "泥人张"彩塑的现状　　　　　　　　　　　　　　　　　零叁叁

代表作
    "泥人张"第一代　　　　　　　　　　　　　　　　　　零叁捌
    "泥人张"第二代　　　　　　　　　　　　　　　　　　零伍柒
    "泥人张"第三代　　　　　　　　　　　　　　　　　　零捌陆
    "泥人张"第四代　　　　　　　　　　　　　　　　　　壹壹捌
    "泥人张"第五代　　　　　　　　　　　　　　　　　　壹伍陆
    "泥人张"弟子　　　　　　　　　　　　　　　　　　　壹陆肆

题材与分类
    取材于人物肖像题材　　　　　　　　　　　　　　　　贰陆零
    取材于中国古典文学和民间故事题材　　　　　　　　　　贰陆零
    取材于民生、民俗题材　　　　　　　　　　　　　　　贰陆壹
    取材于吉祥、吉庆题材　　　　　　　　　　　　　　　贰陆壹

制作的习俗与工艺
    塑造　　　　　　　　　　　　　　　　　　　　　　　贰陆肆
    彩绘　　　　　　　　　　　　　　　　　　　　　　　贰陆陆

材料与工具
    材料　　　　　　　　　　　　　　　　　　　　　　　贰柒零
    工具　　　　　　　　　　　　　　　　　　　　　　　贰柒壹

销售与艺人
    新中国成立前"泥人张"彩塑作品的经销　　　　　　　　贰柒肆
    新中国成立后"泥人张"彩塑作品的经销　　　　　　　　贰柒陆
    "泥人张"的主要传播与销售区域图　　　　　　　　　　贰捌贰

"泥人张"口诀与故事·传说
    塑诀与绘诀　　　　　　　　　　　　　　　　　　　　贰捌陆
    故事与传说　　　　　　　　　　　　　　　　　　　　贰玖零

后记　　　　　　　　　　　　　　　　　　　　　　　　　贰玖叁

总序

中国民间泥彩塑集成·泥人张卷

总序

捏型绝技传中外　塑绘奇才贯古今

张锠

中国民间泥彩塑植根于中华文化沃土之中，它循系中华文化的优秀文脉，生发繁衍，逐渐形成数量众多、规模宏大、风格迥异的艺术形式。它是世世代代人民群众精神力量的体现，是高度智慧与卓越创作才能的结晶。

中国民间泥彩塑融入民生、民俗与市井百象，还饱含纯真与质朴的本土情结，巧妙地将生活的源流，糅入丰富的想象力和生动的表现力，使得客观生活融凝于艺术的再创造，将智性理念与塑绘和谐统一的艺术灵性铸定于泥土间，达到物我合一的审美境界，而深受人们的喜爱。

正是由于中国民间泥彩塑生发于华夏民族的文化土壤的根性，于是在其渐进变化中，它的创作理念、创作方法、工艺程序、审美标准和风格形态，都与中国传统文化一脉相承，也与其渐进中的历史环境息息相关。中国民间泥彩塑在各历史时期受当时社会政治、经济文化等诸多因素的影响，形成不同时期的艺术形式的差异性，这种差异性构成了各个历史时期民间泥彩塑艺术成因的地域性和风格的多样性，从而留下了中国民间泥彩塑有规律性的历史发展轨迹。这正如美国著名人类学家路易斯·亨利·摩尔根指出的："我们感到幸运的是，人类进步的事件不依靠特殊人物体现于有形的记录中，这种记录凝结在各种制度和风俗习惯，保存在各种发明和发现中……总的来说，我们承认人类历史的实质与观念的发展有着不可分割的关系。而观念是人民创造出来的，它表现在人民的制度、风俗习惯和各种发现之中。"

历史客观地记录了创造，而创造又都有其历史的联系和它们的继承性，正如新的要代替旧的、过去的传统孕育着新的发展一样，民间泥彩塑就是早慧的华夏先辈追求美、创造美的表现。

泥彩塑的滥觞可以追溯至五六千年前的新石器时期。原始的先民在自己的劳动中逐渐将单一的物象复合化，显示了类型化的美，并把不同形象的物品经过加工琢磨变成相同形象，显现同一性的美，于是他们对物象审美意识与意趣的思维闪光，影响并开拓了中国民间泥彩

陕西凤翔泥彩塑《线描挂片》　胡深

河南淮阳泥彩塑《牛面兽》　许述章

河南浚县泥彩塑《彩马》 王学锋

江苏惠山泥彩塑《十五贯》 喻湘涟 王南仙

塑艺术的形成。后来，秦汉以前作为"明器"使用的彩俑出现，使这种古拙质朴的塑造与彩绘结合的技巧，奠定了隋唐以后彩塑发展的基础。而隋唐彩塑又在新的外来艺术营养的滋养中产生了新的变化，从朴素到精炼，从质朴到丰富，但又不失以前追求神韵的特点，同时在其艺术实践中又不断地提高和完善了塑造与彩绘结合的技巧。宋塑上承晚唐修长纤丽的风格，又形成写实流畅、精美典雅之风，下启元、明、清与风俗的结合，促使小型民间泥彩塑得到发展。

总之，无论是原始淳厚质朴的彩陶器物，粗犷古拙的男女奴隶俑，已形成飘逸超然之风的魏晋南北朝彩塑，融凝外来艺术日臻创新成熟的隋代彩塑，以细腻完整的手法塑造了雍容丰润的唐代彩塑，还是以写实流畅手法表现人物内心情感、刻画人物性格和形象特征的宋代彩塑，以及求索于生活中人的形态与性格，富于典雅装饰之风的元、明、清彩塑，它们创作的时代与创作条件不尽相同，但所追求的艺术目标是一致的，即造型圆满完整，形态优美生动，色彩纯朴明快。

另外，民间泥彩塑艺术，作为人类历史的文化之果，应依生于那一特定历史文化的生命系统之中，又是与人的社会物质生活、人的社会实践分不开的。艺术的产生离不开现实的文化环境，尤其明、清以来反映市民文化的小型民间泥彩塑更是扎根并生发在中国历史文化的优秀传统和那一特定地域文化所构成的大文化境域之中，于是浸润、渗透在生活中，并养育了一方人的风土、风物、风尚、风俗，也就自然地成为创生那些丰富多彩的民间泥彩塑的艺术之源，孕育形成了相延传承至今的那些极具地域特色的民间泥彩塑品类。这其中有追求巧思妙构，艺术地进行典型性的夸张与概括，形成极具装饰美的江苏惠山泥彩塑；有构想奇特、造型古朴、色彩以黑色系为基调，并描绘由点、线符号集成五彩图

陕西凤翔泥彩塑《古装戏剧人物》 杜银

江苏惠山泥彩塑《阿福》 喻湘涟 王南仙

广东大吴泥彩塑《花鼓》 吴潘强

案，充溢着图腾崇拜的古朴与神秘的河南淮阳泥彩塑；有造型夸张，色彩以白为主调，点饰透明五彩品色的河北玉田刀马战将泥彩塑；有造型单纯，色彩火爆浓烈，点绘吉祥图案的陕西凤翔泥彩塑；有承传明、清石窟造像之风的宁夏杨氏泥彩塑；有造型夸张，色彩艳而不俗的山东高密泥彩塑；有彰显强烈京味文化特征的北京泥彩塑；有已传承700余年，追求压缩夸张型体，归纳变化色彩，有意向地塑其型轻薄有味，弯转折叠有趣，曲直方圆有度，疏密聚散有序，在静谧中显含蓄，安宁中见丰富的广东大吴泥彩塑；有造型生动，色彩丰富，型色和谐统一的"泥人张"彩塑等。这些民间泥彩塑，都是经过理性化的创造，使其构图、时态、空间、形貌、型体、动态、色彩等更具地域的特定性、典型性。这些民间泥彩塑的作者都以其勤劳和智慧，在艺术实践的不懈追求中，积淀了丰富的经验，自然地形成了特定的审美习惯。这种审美追求与标准必然反映在艺术的创作实践中，于是就形成了中国作风、中国气派的民族风格，形成了优秀的艺术传统。

提及"传统"，泥彩塑艺术的"传统"应该包括民族精神、民族审美、民族的价值规律、民族的创作原则与方法。其"传统"更集中地反映在三个方面：（1）相对稳定的艺术理念和审美取向。（2）心理定式和艺术追求。（3）造型的审美特征和方法。这三个方面对中国民间泥彩塑在物质形态化方面的继承与创新起着至关重要的作用。其之所以重要，是因为传统民间泥彩塑是艺术先辈们在艺术实践中积累的艺术经验，具有鲜明的民族特征，是人类艺术史中珍贵的财富。而艺术创新的前提是继承这些优秀的艺术传统，在继承的基础上进行创新，这是当代民间泥彩塑的时代使命，是不以人们意志为转移的时代必然。在艺术转换的流程中，那种拒绝、封闭式的自然传承，对于高度信息化、数字化并高速发展的当代，无疑是不能成立的事实。那种拜倒于西方物质化，同时倡导那种已对先破后立给予曲解，并无视艺术先辈们优秀的艺术传统，而又激进地强调加快与世界文化的所谓接轨的传承，也会是"自叹江东"。而那种基于本土背景，在继承民间泥彩塑传统的基础上，又科学地、有分析地吸收外来文化的有益养分，为我所用，形成当代民间泥彩塑新艺术形态和时代风格的"以我为本，以它为用"的实践程式是应肯定的，同时也是在全球化诸多现象中应该弘扬的一种文化自觉，是一切民间文艺工作者在本土文化中对自己民族艺术、民族精神认同的自觉，更是警觉强势文化的扩张而捍卫对本土文化艺术消解的文化自觉。

当下有着悠久历史和优秀传统的民间泥彩塑艺术面临了新的发展机遇，在国家大力推进对民间文化遗产抢救与保护的大背景和当代经济趋向一体化与多元文化的格局中，弘扬民族民间的本土文化，从民族民间文化中汲取营养，丰富并提高自身艺术品位，对民间泥彩塑艺术从理论上进行研究并给予泥彩塑艺术实践以指导，同时在继承的基础上，创新于更能体现和保持根基性的民族之魂,让其在当代多元文化艺术的缤纷世界中进行交流与对话，立于当代文化艺术之林，这便是编辑"中国民间泥彩塑集成"的目的所在。

"中国民间泥彩塑集成"是中国民间文化遗产抢救工程中的专题项目之一。它将对该项目的实地调查、收集、整理、分析、研究所取得的第一手资料编辑组稿成册。在编辑中不

河南浚县泥彩塑《狮面兽》 王兰田

仅着眼于民间泥彩塑作品的推介，还将系统、全面地从自然环境、村落形态、历史人文、地域生活、民俗方式到家居作坊、工具材料、工艺流程、店铺销售、艺人传记、口诀趣闻等多角度、多层面、立体地呈现各地区民间泥彩塑演进、流变中的状貌。

同时"中国民间泥彩塑集成"将分为"泥人张卷"、"惠山卷"、"淮阳卷"、"凤翔卷"、"山东卷"、"北京卷"、"河北卷"、"广东卷"、"宁夏卷"。这些卷册既独立成卷，又采取统一版式、封面、装帧等平面设计的风格要素，以及图文并茂的形式，使其多卷成集地、全面诠释活态的民间泥彩塑艺术。

综上所述，中国民间泥彩塑艺术，承传、综合了中华民族的多种传统文化，其工艺本身及艺术作品，就是一部沉甸甸的历史。因此，它是中华民族绚丽的民间艺术瑰宝，是活态的非物质文化遗产，继承并弘扬中国民间泥彩塑艺术是当代民间文艺工作者义不容辞的责任和使命。

就此让我们肩负责任与使命，不断地探索、实践于中国民间泥彩塑的艺术园圃之中，使其花果满园，芳香四溢。

河南淮阳泥彩塑《人祖猴》 许述章

"泥人张"彩塑《刘海戏金蟾》 张明山

北京泥彩塑《兔爷》 双起翔

「泥人张」卷 序

中国民间泥彩塑集成·泥人张卷

「泥人张」卷序

技近乎道

赵健磊

中国民间泥彩塑集成·泥人张卷

在丰富绚丽的民间艺术世界、形形色色的民间艺术风格和多种多样的民间艺术流派中,"泥人张"彩塑艺术的几代传人,以其坚实的艺术实践,运用独特的艺术语言,形成了"泥人张"彩塑所独有的艺术特色和风貌。"泥人张"彩塑艺术影响之广,在中国雕塑史上是不多见的。其成因与其艺术思想、美学取向、情感气质、精神内涵乃至表现题材、媒介材料和艺术技巧等多重复杂因素是分不开的。在"泥人张"彩塑艺术的发展流变中,我们能看出"泥人张"自身不断地遵循着"艺术当随时代"的原则,结合自身的造型手法、审美取向,在作品题材、艺术风格等方面不断拓展。

"泥人张"彩塑艺术作为积淀深厚、独具风采的中国民间美术代表形式,是民众创造并享受的文化,是集体智慧的结晶,充分体现了对绚烂生命的真情颂扬,对美好生活的无比向往,对幸福、信念和希望的热情追求,对吉祥、正义、真善美的真诚歌颂。在"泥人张"的作品中,人们既可以看到传统的吉祥图案,也可以看到有趣的动物、植物,还可以看到历史传说中的英雄好汉,看到熟悉亲切的戏曲和神话故事。因此可以说,"泥人张"彩塑艺术是属于劳动群众自己阶层的,真实表现并服务于他们生活意象的,集审美欣赏与知识传播功用于一体的,充满本土气息,在人民群众中广泛流传的大众艺术。

任何的艺术形式都不是无源之水,"泥人张"彩塑诞生之前,中国的雕塑艺术形式就有着塑绘结合的传统,自红山女神始,历经汉唐俑塑、宋元造像、明清

《少女》张明山

《四郎探母》局部 张景祜

《钟馗》张锠

庙堂，无一不是塑绘结合的精品之作。尤其是在庙堂造像中，彩塑这一艺术形式得到了淋漓尽致的发挥。"泥人张"彩塑就是在如此丰厚的传统文化基础之上承续了民间美术中的精华与营养，同时结合自身的地域特点与文化特点，经过几代人的艰辛努力，逐步形成了独有的艺术风貌。"泥人张"彩塑将绘画与雕塑二者糅合化一，将中国传统的彩塑艺术的发展推向了一个新的高度。

"泥人张"彩塑源自天津，独具特色的地域性特征也影响到"泥人张"彩塑的题材内容和审美情趣。受其地理环境与文化环境的孕育，"泥人张"彩塑带有一定的文人化气息和浓厚的海河文化特色。此外，"泥人张"彩塑的造型，在逐步发展的过程中，也与其他的姊妹艺术产生了交融。包括宫廷美术、文人士大夫美术在内的其他艺术品类，也在题材、技巧、审美倾向上对"泥人张"彩塑产生了一定的影响。其造型与手法还借鉴了中国传统工笔人物画的意境，兼工带写，将国画的许多平面手法立体化，形成了民间艺术中独具特色的一支，在本土民间艺术百花园乃至世界艺术之林有其

《阿福》杨统环

尽管西方雕塑也曾有过着色传统，但在艺术的发展过程中这一传统逐渐淡化并隐退。而中国的彩塑艺术的绘色传统却始终能够完好地传承下来，这有其深刻的主观和客观原因。首先，民众对于色彩有着与生俱来的喜好。从原始艺术开始，色彩就被赋予了一种象征性和表现力。在民间美术的各个门类中，色彩都是必不可少的重要组成部分。即便是剪纸这样的艺术形式，如果抽离了纸面的红色，效果也一定会大为逊色。因此，色彩与形态的结合符合了一种群众集体的审美需求。其次，彩塑艺术追求形色合一的真实境界，通过绘色的手段对形体进行补充。为了加强艺术的表现力与感染力，色彩的引入成为最为直接的手段。第三，绘色手法对于细节的表现更具优势，以绘代塑，塑容绘质，使两种造型手法得到完美的结合。几种因素综合，使得中国彩塑艺术中的绘色传统能够长盛不衰，直至"泥人张"彩塑发展到一个高潮。

"泥人张"彩塑的"形"与"色"二者在形式与审美上达到了高度的统一。在民间有"三分塑，七分彩"的说法，许多细节和造型不是以塑造手法，而是靠绘画的手法表现。"泥人张"彩塑以"形"表达具有空间性、立体性、材料性和工艺性的形象；以"色"表达兼备生活性、象征性、浪漫性和装饰性的主观性色彩。它是三维造型与二维造型的综合，既有塑造语言，又有色彩语言；既有立体的因素，又有平面的因素。对于型体和色彩，其感知方法和形象的概括能力，都将一种理想的观念注入其中，这是一种超出纯自然形象的意识，因而不论是型体或色彩，"理想化"始终是其所要达到的高度。理想化的形象体现出"泥人张"对于"真、善、美"的追求，其情唯真，其意唯善，其形唯美。

对于"泥人张"彩塑艺术成就和发展，很难用简单的几个字来概括，如果一定要的话，我想"技近乎道"这几个字尚可贴近"泥人张"彩塑艺术的精髓。道与艺具有一种无限与有限的关系，是以有限之"技"抵达无限之"道"的过程。"泥人张"自清代发展至今，历经六代传人，曾经辉煌，也曾有过面临艺尽人亡的无奈局面，但即使在最为困顿的时候，"泥人张"也始终没有放弃对于彩塑艺术的执著。而在当代盛世，"泥人张"彩塑呈现出繁荣昌盛、欣欣向荣之相。究其根本，是与历代"泥人张"传人对于彩塑艺术的宗教般的虔诚之心密切相关的。从第一代开始，"泥人张"对于彩塑艺术的探求，就不仅仅将其局限在谋生手段，更将其作为终生的艺术目标，作为愿意为其

著名学者、书法家曹宏年题字

倾尽心血的家族事业，一代代人为之孜孜以求。

中国艺术，讲求境界，有境界则为高妙，无境界则流于低俗。"泥人张"彩塑所蕴含的人文精神，正吻合了中国传统文化中"天人合一"之大道。以理性、感性悟心，以人文境界为依，正彰显出"泥人张"彩塑艺术的民族化精神，是一种"穷观极照、心与物冥"的人生审美体验和精神境界，一种"技近乎道、以艺写神"的审美人格完成。

新的时代造就了全新的文化背景，同时也改变了"泥人张"的生存环境和文化语境。当代文化正日益广泛而深刻地改变着人们对于艺术的知识谱系、艺术表达方式的认识。新媒介、新技术的运用给艺术表达带来了更加开放的视野和可能性。作为一门古老的艺术种类，"泥人张"彩塑艺术也在这样的艺术情境及作用下不断地发展和丰富自己，并试图以其独特的形态和方式在当代的文化语境中进行表达和参与。在当代的文化语境下，如何使具有文化意义的"泥人张"彩塑艺术既立足于本土传统文化的语境，又寻求在当下社会文化情境中发展的契机；如何以更开放的创作

《嫦娥奔月》张锠

语言与国际当代艺术形成更有效的对话，并由此探讨持续更新的工艺技术和表现手法的发展，是当代"泥人张"彩塑艺术所面临的重要课题。但我们始终坚信："只有民族的才是世界的"，我们满怀信心地期待着"泥人张"彩塑艺术步入更加辉煌的明天。

《算卦》局部　张华堂

"泥人张"彩塑总概

中国民间泥彩塑集成·泥人张卷

「泥人张」彩塑总概

"泥人张"彩塑产生的背景

韦驮庙

大丰桥

"泥人张"彩塑起源于清道光年间，距今约有160年的历史。它根植于中华文化沃土，受民族传统文化的滋养而繁衍。它循系了中华传统文化的优秀文脉，特别是中国传统文化的民族性特色，在演进、变化、发展中逐渐形成了特有的美学特征、审美追求、造型规律、工艺技巧与塑绘技法。它是植根于中华大地的本土艺术，具有强烈东方情调的民间艺术门类。这里拟从"泥人张"彩塑产生的背景、"泥人张"彩塑的繁衍与发展、"泥人张"彩塑的风物背景与地域心理、"泥人张"彩塑的艺术特征、"泥人张"彩塑的现状等几个方面分别加以论述。

"泥人张"彩塑创作题材广泛，构思巧妙，造型生动，形象真实，色彩明快，造型与色彩和谐统一，这是"泥人张"彩塑艺术的基本特征。如果要更深入地探索、了解以至掌握"泥人张"彩塑艺术的全貌，就应追索孕育"泥人张"彩塑艺术的地缘、历史、民俗、本原等成因状况，这些因素是"泥人张"彩塑艺术孕育生成的土壤，繁衍的根脉。

一方水土养育一方人。"泥人张"的原生地天津，是一个港口城市。"泥人张"的出现和"泥人张"彩塑艺术的形成，正是得益于天津这一方宝地。天津的地理环境以及由此形成的人文环境，才使得"泥人张"得以萌生与发展。

早在4000万年前的自然变迁，自然鬼斧神工使得一片汪洋大海渐渐隐去，而

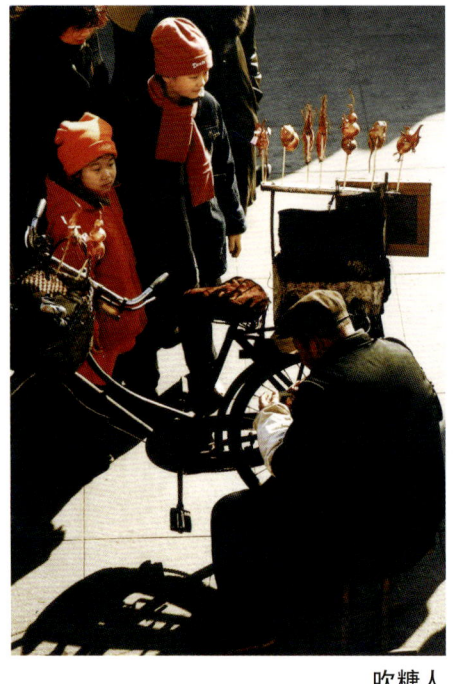
吹糖人

估衣街

估衣街牌楼　　　　天津 海河　　　　估衣街 夜景

呈现于自然空间的是一块越出海平面12000平方公里的大地，这块土地便是今天的北方重要港口城市——天津的雏形。

天津简称津，别名津门。天津始于隋朝大运河开通时期，唐中期创建水陆码头，金代设"直沽寨"，元朝设"海津镇"，是重要的军镇和粮运中心。明朝为加强防务，永乐二年正式在天津设卫，清朝又将三卫合一，归属天津卫。由于天津这一得天独厚的地理位置，其地理环境以及防务重地与码头或港口的确立，一方面集结了大量军人群体及其随军成员，以此而带动了物流、商业的发展；另一方面漕运使得天津经济得到了进一步发展，至明代中叶，天津已经成了一个漕运中心，当时行驶在大运河中的运粮船，多达万只。漕运除了运送粮食之外，还承担着运送食盐的重任，粮食和食盐这两大漕运业使得天津人口密集，百业兴旺。到了18世纪中期，天津已成为北方的商业中心和第一大口岸。据《天津卫志》记载："天津去神京二百余里，当南北往来之冲，南运数万之漕悉道经于此，舟楫之所式临，商贾之所萃集，五方之民所杂处……名虽曰卫，实在一大都会所莫过也。"这就是天津辉煌的历史写照。

天津地理环境优越，其地处渤海湾的华北平原北部，位于海河下游，东临渤海，北依燕山，西靠北京；海岸线北起涧河，南至岐口，长约133公里。得天独厚的地理环境、四季分明的宜人气候、丰富的物质资源，特别是由运河与海河干流构成的水系资源，都为其成为地域性的民间文艺的原发地提供了良好的基础。由于地方经济的繁荣，依附于经济的地方文化有了相应的发展。其中军旅文化与商业文化等多样文化形态的融合交织，又在海河文化的滋养中形成了其独具特色的多元性地域文化。也正是这片土地，使津城民间文化艺术的产生成为必然。"泥人张"以及"泥人张"彩塑艺术就是这座津城文化百花园中的一支民艺之花。

毗临天津西站的大丰路，交通便利，商业发达，著名的"泥人张"家族及其事业就在这津西韦驮庙东街3号的小院内生根、开花、结果。"泥人张"家族居住的津西临近铁路和津城水系码头，得益于水路的物流交换，老街又聚集繁杂的人群，集结了旺盛的人气，于是生存在这样环境中的"泥人张"几代人，就深深地扎根在市民阶层审美理想的沃土中。来自民众中那些丰富多彩的民生、民风、民习、民俗等题材，成为"泥人张"创作的不息源泉，它激励着"泥人张"，也润泽着"泥人张"。

天津西站

天津 解放桥

"泥人张"彩塑的繁衍与发展

"泥人张"原生地街牌

"泥人张"彩塑艺术的创业者——第一代张明山

"泥人张"的第一代张明山（1826-1906），名长林，是"泥人张"彩塑艺术的开创者。

1826年（清道光丙戌年）张明山出生于天津，8岁时随父张万全学艺。他勤奋好学、心灵手巧，对捏塑泥玩、学习烧制陶器非常入迷，进步很快，深得父亲的喜爱。他9岁入私塾，一年后半工半读，13岁就在父亲手下从事泥塑制作。

"泥人张"原生地

年轻的张明山，已经显露出他的艺术才华和创造能力，崭露头角。他善于摹仿，更富于想象，肯于钻研和发挥创造性。他看到父亲捏塑的泥玩只是固定的鸡、鸭、羊、牛等品种，大多造型简单，涂绘的颜色也只有白色或火爆的红、黄等原色。他不满足于这样的现状，把生活中看到的自然形象、物象、色彩默记下来，寻找机会进行新的尝试。据说张万全最擅长捏塑的题材，也是最受顾客欢迎的是一种象征吉祥长寿的彩塑《白猿托桃》。其造型主要形象是一个具有动态的猿，托起寿桃。在颜色处理上，张万全都是把猿涂成白色，桃子点染红色。然而其形其色与张明山在生活中所看到的猿的形态、颜色有着很大的不同。出于一种童心强烈的探索欲，张明山趁家人都已熟睡的夜晚，悄悄地在灯下将那种带有程式化的《白猿托桃》加以变化，捏成了新的样式，涂上意想中的颜色，并复制了一批。第二天父亲发现张明山标新立异的《白猿托桃》甚为生气，厉声训斥张明山，幸好母亲解围，才饶恕了张明山。张万全把两种样式的《白猿托桃》拿到市场售卖，竟出乎意料，张明山的新作受到顾客们的赞扬，称赞新作可爱、形真、生动、有趣，不仅被抢购一空，而且还有雇主订购。于是，处在艺术朦胧之中的张明山的尝试之作，得到社会的认可和父亲的褒奖与信任，张万全不再限制儿子，张明山也更加勤奋地学习，广泛地吸收，不断地实践，这位未来的民间彩塑艺术家，开始了他无尽探求的彩塑艺术之路。

天后宫戏楼财神殿

少年时，张明山常去赶庙会看外台戏。后来家里经济逐渐好转，他常到戏馆去看戏。庙会供人们休息的茶棚，布置非常讲究，有出色的字画和精美的艺术品陈设，张明山经常观赏。他从欣赏中仔细观察、体味舞台上和艺术作品中的人物形象、形态、动态、动势、性格、性情以及表演技巧和艺术技法，借以丰富自己的创作题材和表现技巧。同时他还从传统雕塑和民间艺术中，甚至包括古典小说、诗词以及碑刻，特别是从《晚笑堂画传》中汲取营养，充实提高自己在文化与艺术方面的修养。张明山在已有的彩塑艺术实践基础上，研究彩塑的造型规律，逐步形成了特有的彩塑技法，为"泥人张"彩塑艺术的形成奠定了基础。

张明山从十多岁起，就能捏塑高12寸、着色丰富的时装人物和戏曲人物。18岁时，他由于常常袖筒藏泥，在看戏中实地写生，一曲未终，就捏塑出各种角色，而被世人叹为绝技。30岁以后，他的文学修养与绘画水平已有很深造诣，笔下的山水人物、花鸟虫鱼独具风采，彩塑技艺也更加纯熟。其画作题材多为现实生活中的民俗世相，如《狮子会》、《渔家乐》、《耕耘图》等，也有取自传统题材的山水人物。这些画作的艺术处理既运用了传统绘画的笔墨，又充分表现自然形态的形式构成，并具有韵律感。现在还珍藏在天津艺术博物馆的《少女鹦鹉图》就是张明山传世画稿中的代表性作品之一。此画构图疏密有致，线描流畅生动，人鸟关系结构得当，颇有明代陈老莲的画风。另据张映雪先生记载："天津有一位李士海，一般人尊称他为李四先生，是专做摺叠碎锦的名匠（俗称包镶折绢），性情迂缓，某官员向他订制寿屏四幅，上面用碎锦摺叠山水人物。当时讲好价钱，说明交货日期，半年后，期届而工未过半，催者火急，弄得李四先生十分狼狈。后请张明山老友帮忙出主意，张明山一看便说：'易也！'待李四先生准备好笔墨颜料，张明山淋漓挥毫，用一天半的时间，补好李四先生未完的部分，名工名画，相得益彰，遂传为名作。"

这些艺术实践使他的彩塑能够不拘泥

《晚笑堂画传》插图

《张明山像》张景祜

石雕装饰

《俯视天后宫》（壁画）

湖广会馆　内景

湖广会馆　内景

木雕装饰

海河边 老照片

天津 老照片

张明山画稿（一）

张明山画稿（二）

于前人的规矩，大胆娴熟地探索运用绘画的技巧，形成自己彩塑艺术的表现方法和形式特征。张明山所塑造的《少女》，形象秀丽，动态优美，衣纹流畅，色彩淡雅，其造型尽显"亭亭玉立"的审美韵味，这一表现手法是张明山吸收了绘画语言并将其融凝于彩塑创作之中的结果。

张明山50岁左右时，受朋友之邀曾一度离开天津，到北京做彩塑。当时他的许多作品陈列在北京商店橱窗内展示，深受群众喜欢。于是，名声远播的张明山被召进紫禁城，为宫廷捏塑了许多传世佳作。现珍藏在故宫雕塑馆的彩塑，就是他入宫后创作的部分作品。入宫后的一段时间，他又受弈伯乐王爷的邀请，于光绪三十年被召进府中，为慈禧太后的七十大寿创制贡品，又为王爷全家，上至主人，下到他的坐骑塑了像。现在珍藏于颐和园文昌院聚珍厅的《木兰从军》、《春秋配》、《读西厢》、《张敞画眉》等"八匣"彩塑，便是慈禧寿诞之日，庆宽王爷献给慈禧的贺礼，现均为国家一级文物。在王爷府中的生活虽然安逸，但创作上的不自由，犹如金丝雀被禁锢笼中，供人赏玩。这种境况使得性格豪爽的张明山感到非常不适应，思念亲人，怀念家乡。给他更大刺激的则是另一件事情。王爷府一名童役给王爷洗手，不慎将水洒在主人的身上，王爷即以皮鞭怒责童役，那鞭鞭抽打，张明山感到就好像抽打在自己身上，使得他的内心隐隐作痛，愤然地感叹此为人间不平事，泥塑未毕，即托故逃离了王府。

晚年的张明山经过50余年的创作实践，积累了丰富的经验，并在表现人物性格和形象特征上尤见功力。他的大型组雕式彩塑《殡葬仪》就是一件很有代表性的反映民俗世相的作品。其规模之大、人员之众、形象之传神、性格之迥异，正如学者严范孙先生撰写的《张明山事略》中描述："天津殡仪之侈，甲于他省。其在大户，则繁缛弥甚。西洋人之采风者，倩君塑其全式，舆者、骑者、旗者、盖者、征者、鼓者、丝者、竹者、释者、髾者、导者、从者、冠带者、裹襁者、步而送者、立而观者，多至数十百人。君则异其状态，使之不相复，或顾或侏，或丰或癯，或皙或朱，或昂或伛，或步或趋，或欠或呼，或悲或愉，或捷或迂，像随心造，触手成趣。时或摹取友人某某之形态拟之，以入承其乏。工竣陈列，则见某友充乐人，某友执劳役，见者皆笑不可仰，即友人某某自见之，亦赏其狡狯，不以自忤也。……"

这一组作品宛如一幅气势恢宏的风俗画，曾于光绪年间被《上海时报》高度赞扬评介："'泥人张'的工巧艺精胜过南方艺人。"

总之，这位纯朴开朗、性格幽默的民间艺术家，毕生执著勤奋地求索于彩塑艺术实践，给后辈创造了大量的精神财富，留下了"泥人张"彩塑技艺方法与精妙的艺术技巧。1906年（光绪三十四年）4月29日，一代彩塑宗师因年老体衰，感受风热而仙逝，终年79岁。

"泥人张"彩塑艺术的第二代——张玉亭

"泥人张"的第二代张玉亭（1863-1954），名兆荣，是张明山的五子。张明山的晚辈中继承"泥人张"彩塑艺术事业的有张玉亭、张明山的六子张华堂（名继荣，是"泥人张"第三代张景祜之父），兄弟二人互相切磋技艺，取长补短，共同实践于"泥人张"彩塑艺术的初始之路，但不幸的是华堂英年早逝。在彩塑艺术上继承前辈、卓有成就的是张玉亭。

张玉亭为人沉静寡言，性格内向，善于思考，勤奋好学，钻研彩塑的捏绘技法，更是如痴如迷。他当时的境况十分艰苦，狭小的作坊里，放置湿泥的地窖子占去了二分之一的地面空间，发出潮湿的霉气。白天灰暗，夜晚只能以一盏煤油灯照明，张玉亭就在这样的环境中通宵达旦地劳作，油灯的灯灰熏得眉宇和睫毛挂满点点烟尘。艰难和困苦磨练出这位仅在7岁时念过一年书，从13岁起就与父亲和弟弟一起，开始了以彩塑谋生的强人之路。他历经苦难的磨砺，养成坚韧的毅力和严于自律的个性。他为人豁达宽容、勤学好问，惜时如金地奋发自学文化，经过长期的努力，终于摆脱穷家子弟无文化之苦。同时他收获了丰厚的彩塑艺术成果，他创作的形态动人、性格鲜明的彩塑艺术作品有万件之多，在中国美术史上留下了浓浓一笔。他度过了90个春秋的人生旅途，告别了他珍爱的并为之追求了70多个冬夏的彩塑艺程，但那充溢着他的智慧与血汗的艺术作品却永生于世。彩塑《二学士》、《渔妇》、《钟馗嫁妹》、《三英战吕布》等作品都被列为国家一级文物，珍藏在天津艺术博物馆、中国戏剧博物馆等处。它们以其意蕴丰富的视觉形象语言与观者对话，传递着张玉亭的艺术精神和心声。张玉亭的这种精神，在于他对彩塑艺术的至诚至爱，毕其一生的苦苦求索。张玉亭的彩塑艺术，正是他人格魅力的真实写照。

张玉亭出身于平民的彩塑世家，他热爱自己的事业，热爱生活，热爱生活中的劳动者。他熟悉平民大众的生活，摒弃浮华和虚饰，关注并同情弱者的命运，情真意切地表现令他感动的人与事，于是创作了《三百六十行》中那么多饱含纯真与质朴美的艺术形象。这些作品是张玉亭的心路历程，也源于他深深的本土情结。

张玉亭的彩塑创作，在继承父辈的写实造型方法的基础上，又将其延伸发扬。他不仅把握对象的形体、比例、结构，更注意人物的神态、表情、性格和气质，使之达到外在形和内在神的统一。此外，他还运用适当夸张的手法，强化对象的特征，对某些局部进行调整，突出个性，

《曹恕伯肖像》张玉亭

《三英战吕布》局部　张玉亭

天津东门北 老照片

天津解放桥 老照片

估衣街 老照片

强调品性，达到超越常态的艺术效果。彩塑《钟馗嫁妹》中的众鬼魅形象，就是把人的具象常态加以变化夸张，或拉长，或压扁，使其超越自然物象的形态而变得畸形怪异。正是这种超越现实、富于想象和幽然感的夸张造型，才体现出超自然又与主题相呼应的美学意趣。

张玉亭彩塑造型基调是具象的，他所创作的彩塑人物，女性美而不艳、倩而不媚，男性靓而不甜、俏而不俗；其形体女性清秀俊美，男性健康饱满；其衣纹大小、曲直、方圆、动静变化有致；其色彩稳重和谐，与人物的身份和思想感情相吻合。他以其精确熟练的技艺技巧，通过塑造，传达智性理念。他巧施材料，在塑、绘和谐统一中求得艺术灵性的契合，达到物我合一的审美境界。

著名的艺术家、教育家徐悲鸿先生在1932年到天津访问了张玉亭后，对张玉亭的艺术成就著文发表感想，给予客观肯定的评价，其文是：

"……因言固识'泥人张'当日所主肆，盍去往观之。余等大喜望望，遂迤逦驰车十余里。至其处，则满室大小、柜中座上，尽是泥人。如《金钱豹》之老俞及《庆顶珠》中李吉瑞等，俱毕肖其姿态。但此系肆中牌面，而非余等所求也。肆主得知余等来意，因盛夸老张先生，如何其技能高妙，如何其人之性格特殊，与其本人如何之关系，娓娓不倦。又导吾人观其藏，凡古人西施、明妃之流，与摩登女郎之属；并今日风行之西装少年挟所恋蹀躞跳舞，极力迎合社会心理，以冀吾等一盼。余望望然去，乃徘徊其民间写实货品，如卖瓜占卜者流，与臃肿不堪之僧寮前者久之。……此二卖糕者与一卖糖者，信乎写实主义之杰作也。其观察之精到，与其作法之敏妙，足以颉颃今日世界最大塑师俄国脱鲁悖斯可埃（Troubetskoi）亲王。特脱亲王多写贵人与名流，未作细民。若法19世纪大雕刻家达鲁（Jules Dalou, 1833–1902）虽有工人多种稿本，藏于巴黎小宫（petit palais），于神情亦逊其全。苟作者能扩大其体积，以铜铸之，何难与比国没念（Constantin Meunier, 1831–1905）争一日之长。肆主言此系著名'泥人张'第五子所作云。惜乎其为生泥所制，既未尝为士大夫所重视，业此者自亦比之工匠之末，罔敢决信其造作之伟大。今日中国之艺术，人犹欲以写四王山水者为之代表。吾故采题于南京之驴、齐白石看虾蟆、高爱

《岳飞》张玉亭

《渔女》张玉亭

艺术大师齐白石的作品媲美。

"泥人张"彩塑艺术的第三代——张景祜

"泥人张"彩塑艺术的第三代传人张景祜（1891-1967），名培承，是第二代张玉亭的侄子。与张景祜同时学艺的还有张景福（张玉亭之子，后患半身不遂，于1945年去世）。"泥人张"家族的从艺者中，多是叔侄相继。这一方面便于传与教，另一方面也有益于扩展艺路，避免陈陈相因而日趋萎缩。他们在各自的艺术历程中所显现的艺品、人品、能力等综合素质，逐渐使其成为"泥人张"彩塑艺术传承中的代表人物。

张景祜对彩塑艺术事业具有滴水穿石般的执著和持之以恒的韧劲，他从无懈怠地付出毕生的精力，勤奋艰辛地探索劳作着。他从小就受家庭的影响，师从伯父玉亭学艺，12岁时就能默塑记忆中的人物形象。他在70多年的创作生涯中，创作了万余件题材多样、造型各异的彩塑作品。这些作品既是他艺术实践的成果，也记录了他历经沧桑曲折的人生之路和坚毅创业的艺术历程。

张景祜的生活经历和艺术生涯与第一、二代所不同的是，他一生经历了两个时代。前一个时代是新中国成立前的半封建半殖民地时代，后一个时代是新中国成立后新的社会主义时代。前一个时代的后半期由于日本帝国主义的侵略，天津沦陷，处于日本侵略者的铁蹄蹂躏下。日本投降后又经历了国民党的统治时期。政治的腐败、社会的动荡，使得"泥人张"处于苦难深重的境遇之中。重重压榨、生活的窘迫使得"泥人张"家人一个个出走，唯一继承彩塑技艺的张景祜的侄子张铭，也心酸地放下心爱的手艺，改行去肥皂厂帮工。忧郁成疾的张景福，无力治疗，终被夺去生命。于是只剩下孤独的张景祜，举步维艰地维系着面临艺尽人亡的彩塑事业。当时的报纸曾触目惊心地报道："时代变迁艺人趋没落，'泥人张'技艺将成绝响！"

承受生活的艰辛，面对环境的险恶，张景祜坚守着为人的良知和对艺术事业的信念。那时，曾有汉奸商人以楼房、高薪分红等为诱惑，邀他到日本去求发展，也曾有些唯利是图的奸商，许以高价，让他捏制下流的货品。深晓民族大义、禀性正直的"泥人张"不为所惑，愤然地拒绝了他们的"美意"。

彩塑艺术，曾经倾注了"泥人张"几代人多少心血！人们喜爱它，"泥人张"疼爱它。在最艰难的时代，在忍辱含

林写鳖，而王梦白画猪，诚哉其不能自遏其情，为过激派也。但以吾等向附于士君子之末，画中驴鳖，未敢为人鄙视，岂若卖糕者之作者，怀此惊人绝技，而姓名尚无人知之哉！以视工计术者，得查中央银行之帐，受命为简任之官，与诌媚一人，俨然成部、院之长，皆能国难来而不惧，纵陆沉亦安全者，其命运相去之距离，诚有霄壤之判矣。"

这篇文章不仅推崇"泥人张"的艺术成就，而且鞭笞了旧社会，从字里行间可见，张玉亭的彩塑作品在当时被中国大艺术家评价为可与世界最著名的雕塑大师名作媲美，也可与中国

垢的时刻，张景祜总是怀着一种幻想，渴望着能有一个国富民强、生活安定的时候，一心从事彩塑事业，捏好泥人给大伙儿欣赏，好好发展彩塑艺术。张景祜的这一期待，终于在1949年变成了现实。那振臂高呼的欢声笑语，那锣鼓齐鸣的欢歌热舞，那红旗招展、军民同乐的场面汇集成共庆天津市解放的时代画卷。一轮红日普照大地，也照进"泥人张"的家。"泥人张"开始了它的艺术事业的新篇章。

天津市解放不久，市军管会的负责同志就造访了"泥人张"，热情地握住张景祜的手，将人民政府关于保护、发展和提高民间艺术的政策告诉"泥人张"。在党和政府的亲切关怀下，张玉亭被聘请为天津市文史馆馆员，张景祜被安排参加天津市美术工作队。1950年因工作需要，张景祜又被调入北京市，先后受聘于中国美术的最高学府——中央美术学院、中央工艺美术学院和北京市工艺美术研究所，在为他设立的"泥人张"艺术工作室中从事教学、研究与创作工作。优厚的生活待遇、优越的工作环境以及被选为全国政协委员、中国文联全委会委员、中国美术家协会常务理事等，都

《月下对诗》局部 张景祜

毛主席与"泥人张"第三代张景祜的合影

充分体现了新社会给予他的主人翁的待遇。同时他可以到少数民族地区去深入生活，到中国传统石窟的山西云冈、河南龙门、四川大足、甘肃敦煌学习传统技艺，可以和美术家、工艺美术家一起研究切磋技艺，向年轻的学生们传授技艺。特别令他不能忘怀的是与中国文联主席郭沫若的一次会见。张景祜一生中感到最荣幸的是，1954年12月21日毛主席在中南海怀仁堂接见了他，夸赞他以中国古典小说《红楼梦》为题材的彩塑作品《惜春作画》是件传神佳作。这一切怎么能不让他感慨万分，感到由衷的幸福呢！这也更激发了他极大的创作热情，使他在创作实践的探索中，不仅继承前辈"泥人张"注重写实传神、形神兼备的艺术风格，同时又吸收其他艺术营养以及解剖、透视等多方面科学知识，更加注意观察生活，默记形象，勤奋地捏塑与描画。《惜春作画》能得其神，这个"得"字不仅指得于目和心，也是指得于手、泥、色的性能，让泥变得更有生命力，色彩变得更充满感情。张景祜在以竹笔塑型、水笔绘形的瞬间结合中创作的件件彩塑作品，追求的是以形悦人、以情动人、以神感人。张映雪

《踏雪寻梅》 张景祜

先生给予张景祜的评价是:"从'泥人张'上两代的艺术传统来看,他的创新精神,在生活中吸取新的题材较前更加宽泛,风格新颖有时代感,使张家彩塑发展到一个新阶段。"

"泥人张"彩塑艺术的第四代——张铭、张钺、张铜、张锠

"泥人张"彩塑艺术在家族内部已经有了六代传人。第四代中比较有影响的是张铭(1919-1994)、张钺(1927-1994)、张铜(1931-)和张锠(1942-)。中华人民共和国成立初期张铭、张钺只有二三十岁,他们聪明、热情、勤奋,并在彩塑的艺术实践中积累了相当丰富的经验,也取得了一定成绩,这为他们后来的彩塑艺术事业打下很好的基础。他们创作了众多的彩塑作品,其中张铭的《蔡文姬》、《日益壮大》,张钺的《木工》都以生动的造型给人留下深刻的印象。张铜曾就读于中央美术学院雕塑系,毕业后到中央工艺美术学院基础部任教。他为人谦和,治学严谨,其彩塑《三百六十行》也如其人,富于质朴淳厚的生活韵味。张锠幼年居住在天津,住家的前屋便是其父(张景祜)的工作室。家居附近有一座韦驮庙,庙内塑有许多造型各异的神像,这一切都潜移默化地培养了他对泥塑的喜爱之情。1954年他随着父亲的工作调动来到北京,1961年在北京市十四中毕业后,就读于中央工艺美术学院泥塑班,之后在北京市工艺美术研究所从事设计创作,1979年考入中央工艺美术学院攻读雕塑专业研究生,后留校从事教学、创作和研究工作。他在从童年、少年、中年到老年的人生历程中,一直怀有对于泥土的钟情,创作了许多有影响的彩塑作品。其中有以中国近代史上震惊中外的天津教案为题材的《火烧望海楼》。其作品是揭露所谓慈善机构——育婴堂,它惨无人道地以儿童作为医药的试验品,残害了大批儿童,犯下了令人发指的滔天罪行。当作品面世后,产生强烈反响,并被国家博物馆收藏。彩塑《阿福》被选为92'中国友好观光年吉祥物,成了赠送各国来宾、友人的珍贵礼品,并获国家专利。

"泥人张"彩塑艺术的第五代——张乃英、张宏英、张子英、张泽珣、张泽楠、张宏岳、张宏艺等

第五代张乃英中学毕业后进入天津"泥人张"彩塑工作室,随父(张铭)学习彩塑技艺。良好的创作和学习环境,使他在彩塑艺术事业的继承与创新上得到了物质保证,为其施展聪明才智提供了条件。他创作的以弘扬国际主义精神为宗旨的彩塑《白求恩》,无论其造型结构、形象刻画、色彩调子,还是总体艺术形式都体现了其彩塑创作的细致与完整、生动与传神、变化与统一。现在他已经

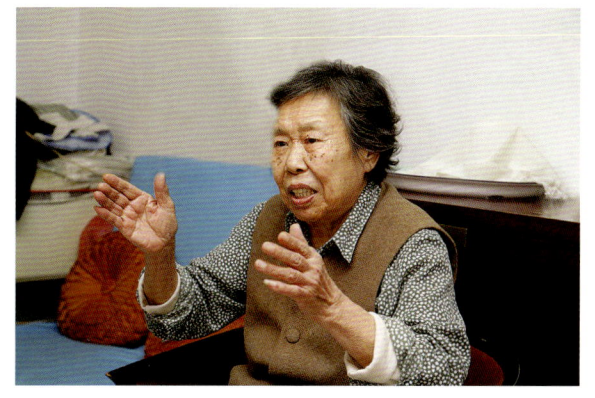

采访张景祜之女张铂

采访"泥人张"第五代张宏英

《火烧望海楼》张锠

《火烧望海楼》局部 张锠

是天津艺术博物馆的副研究员，更加专心于"泥人张"彩塑艺术的研究与探索。他的堂妹张宏英也将自己的聪明才智倾注在了天津"泥人张"彩塑工作室，在充满创作氛围的环境中，创作了彩塑《舞者》、《麻姑献寿》、《拷红》等艺术佳作。其弟张子英在天津市工艺美术研究所从事彩塑创作并取得颇丰厚的创作成果。张钺之子张泽楠实践并探索于"泥人张"彩塑艺术的创作之中，其女张泽珣现任教于澳门大学，从事着艺术教育，传承、弘扬着民族艺术。张锠之子女张宏岳、张宏艺都毕业于中央工艺美术学院雕塑系，张宏艺现就读于日本东京艺术大学，攻读硕士学位。他们都受到良好的专业训练，不仅具有家学之道，还学习融汇了西方艺术之长，形成造型简洁、色彩单纯的创作风格。其作品有张宏岳反映传统题材的大型系列彩塑《速报司》和张宏艺以反映"非典"为背景的《白衣天使》等。第五代张乃英之子张宇、张宏英之女张凡云也都从事彩塑艺术创作，均取得了不俗的成绩。

新一代"泥人张"彩塑艺术的家族传人，承载着"泥人张"艺术流派的承上启下的重任，努力耕耘在"泥人张"彩塑艺术的继承和发展的百花园中，经过他们不懈的努力和劳作，已经绽放了多姿多彩的艺术之花，结出丰硕的彩塑之果。这一切的取得，既是"泥人张"传人努力的结果，也是与当代全社会对于传统民族民间文化的关注和稳定和谐发展的社会氛围分不开的。

"泥人张"彩塑艺术的非血缘传人

新中国成立后，党和政府都给予"泥人张"以关心和支持，使"泥人张"彩塑艺术得到新的发展，让这门"父传子承"的家庭艺术真正跨越家族门槛，而成为社会艺术。当然"泥人张"彩塑艺术有如此的发展与变化也是得益于"泥人张"开放性的继承观念，并与其因材施教的传承方法是分不开的。如第三代张景祜受天津市文化局局长张映雪之邀，经常往返于京津两地，为刚刚组建的天津市"泥人张"彩塑工

《卓文君》张宏岳

《阿福》郑于鹤

天后宫戏楼

《精卫填海》张锠

作室的学生们手传心授，甚至亲自示范和辅导。同时他还前往云南、贵州、山西、江苏、广东等地进行艺术交流和讲学，曾尝试将"泥人张"彩塑技艺与陶瓷工艺结合。当江西景德镇烧出第一窑尝试性的陶瓷成品时，立即成为外交部的国际礼品，并被赠送给国际友人，受到社会好评。第四代张铭、张钺、张铜、张锠也都在各自的工作中，尽职尽责地传道授业，为"泥人张"彩塑艺术培养了一批有志于彩塑艺术的非血缘关系的"泥人张"传人。他们中有北京的郑于鹤、沈吉、王志祥、宋世忠、杨统环、刘玉庭和博士胥建国，硕士赵健磊、喻建辉、马天羽、高瑛石、张鲲；天津的杨志忠、逯彤、胡月景、穆瑞森、苏靖丽、王世伟、傅长圣等。其中尤为突出的是郑于鹤。他是"泥人张"第三代张景祜的得意门生，承续了"泥人张"善于学习、勇于创新的精神，从民间乡土艺术中汲取营养，在"泥人张"传统技艺的基础上形成了独特的艺术风貌。

郑于鹤出生于1932年。他的家乡是苏北黄河边上的一个小城市，因为家境贫寒，只念了三年书就辍学谋生，曾经做过点心铺的小工、传达室的杂役等工作。正是由于这样的生活，使他历经了多样的工作。这不仅增加了他的社会阅历，也打造了他不服输的求知韧劲。当他从苏北来到北京，正值"泥人张"第三代张景祜调入中央美术学院，于是"泥人张"那些活灵活现的彩塑，吸引了他，也唤起他童年时面对门前滚滚黄河水，玩泥巴、捏泥巴的记忆和兴趣。后来，在李可染先生的推荐下，他很快就拜在张景祜的门下，当时他刚20岁。经过不断的艺术实践，他的想象力、创造力都很快地得以提高，在创作中，他大胆运用简洁概括的手法和装饰性的形式语言，使得作品造型单纯简洁，色彩明快统一，极富乡土韵味，形成了自己独特的艺术风格。

1959年，中央工艺美术学院展出了他的作品。1979年中国历史博物馆在北京举办了"郑于鹤泥塑展览"。2004年中国国家博物馆为他举办了"郑于鹤泥塑艺术展览"。40年来，他的作品博得社会极大的反响和赞誉。

"泥人张"的另一位得意门生杨志忠，勤奋好学，在默默的实践探索中，不断提高自己的创作能力和美的鉴赏水平，形成造型整体含蓄、色彩浓烈厚重的艺术风格。彩塑《李逵探母》是他的代表性作品。作品采取藏与露的造型手法，将探望这一主题，情节性地融入母子相抱的构图，李逵庞大的躯体和形象，紧紧贴靠在母亲的怀抱中。双目失明的母亲，面部的刻画，处于神经质的悲喜交集的表情和颤抖的双手，都表现得淋漓尽致，令人感动。作者善于通过内在含蓄的造型抓住观者，并产生共鸣。他以敏锐的观察力、丰富的想象力和艺术创造力，创作了多样题材和形式的彩塑作品。这些作品或被中国美术馆收藏，或被选入教科书中。杨志忠以自己的智慧和能力赢得了社会的肯定，被天津"泥人张"彩塑工作室评定为高级工艺美术师，现入选为第五届中国工艺美术大师。

世代传承的"泥人张"彩塑艺术具有自己的优秀传统和鲜明的艺术特色，但它并非故步自封，一成不变，而是随着时代的发展而变化发展。"泥人张"彩塑艺术是在贴近生活、反映现实中，以新的视点营造新的视觉形象。"泥人张"彩塑艺术除了已有的传统题材，更加关注生活，反映时代风貌，创作歌颂自然美、人性美、生活美的艺术新作。在艺术形式上他们并不拘泥于已有的传统样式，而是紧随时代的脚步，不断推陈出新，创造出反映时代特色的艺术样式。

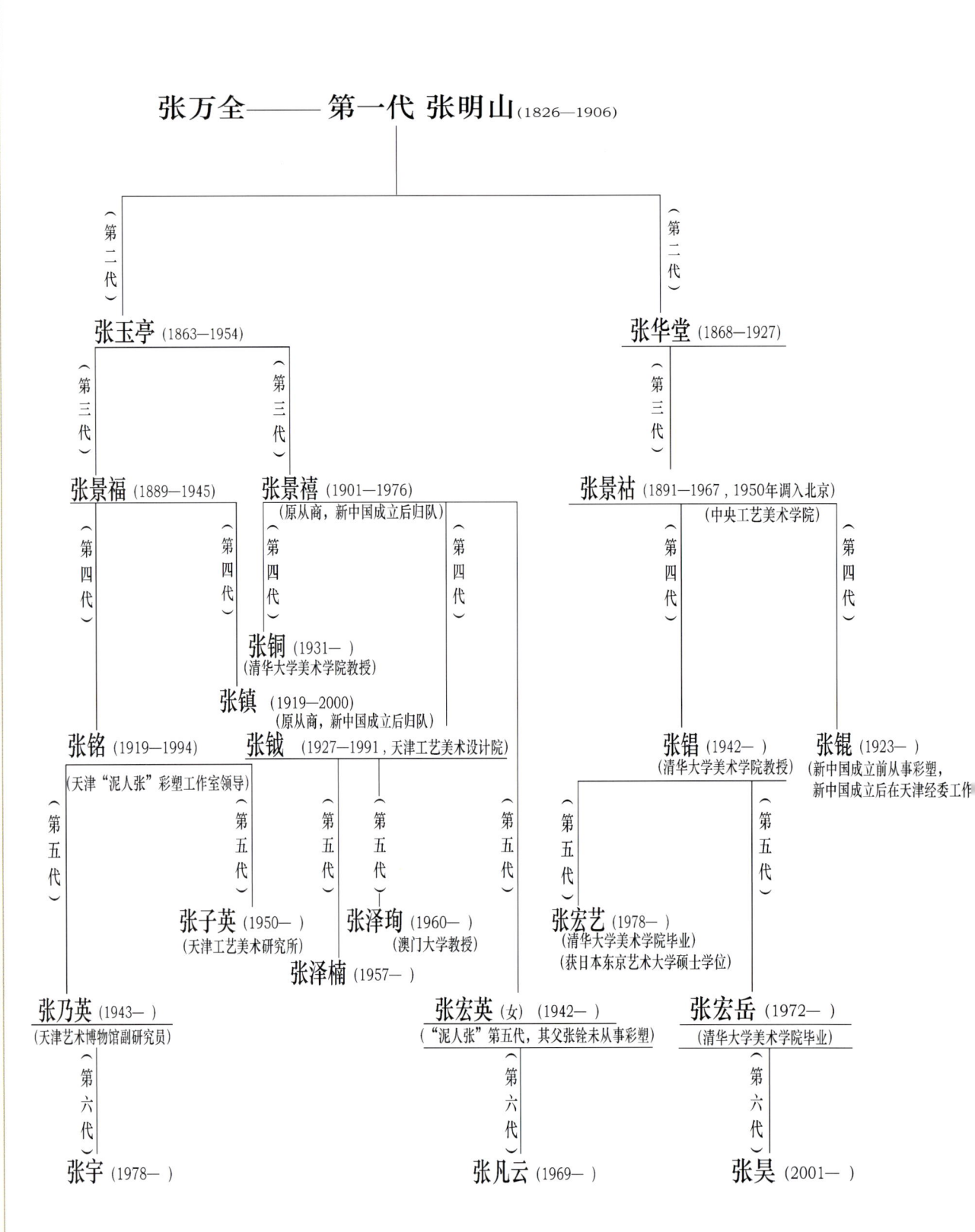

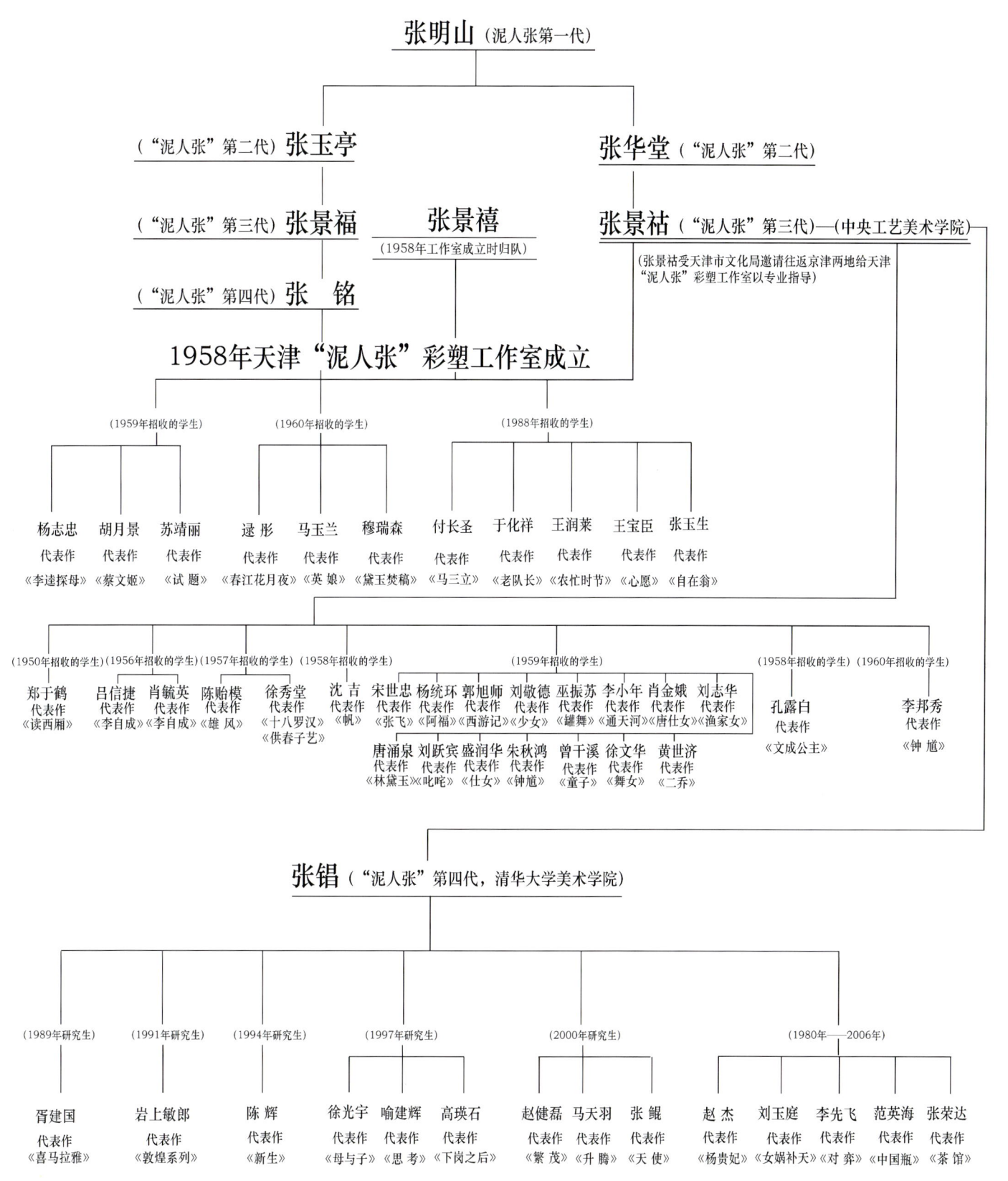

"泥人张"彩塑的风物背景与地域心理

余三胜

余三胜画像

艺术反映生活，映现文化；艺术的语言是形象的塑造；艺术的功能是反映人的社会生活，表现真善美，是将养育一方人的风土、风物、风光、风采、风俗经艺术的创造以高于生活的艺术形态更集中、更概括、更典型地进行表现。"泥人张"彩塑艺术实践遵循艺术的规律，百余年来在人文境域的关照中绵延传承，将追求与向往融入其艺术的无尽探索与实践中。

风物情怀

古往今来，天津这块土地上的历史风物无不沉积着一段感人的故事，都令人在回眸的遐想中为之感叹不已。这里汇聚了津门民间戏剧、民间曲艺、民间绘画的众多知音。京剧有一句俗语，叫做："北京学成，天津走红"。言外之意是在北京戏唱得再好，还要经过检验与考验，而验证的考场就是天津。因为天津的百姓懂戏，这里不仅出过京剧名家余三胜、名丑刘赶三，还有众多名票、名伶和听众。这一坚实的京剧根基，使得天津百姓在欣赏表演者那唱、念、做、打的每一板一眼、一招一式时都是心中有数的，只有表演者拿出真功夫赢得阵阵喝彩和叫好声时，才赢得了天津观众的青睐，也才能走红大江南北。

古籍记载："津门茶肆，每于岁底新正，设杂耍招徕生意，其名目有捻子书、大鼓书、京子弟八角鼓、相声等。"这些茶肆后来发展为专业剧场，演出的曲艺在天津市民中深受欢迎。如京韵大鼓演唱名家刘宝全、相声名家小蘑菇以及近代的马三立，都备受京津两地民众喜爱，红极一时。

这些盛行在天津的民间戏剧——京剧、评剧、梆子，民间曲艺——相声、大鼓、评书、单弦，民间杨柳青年画，都有广泛的群众基础，成为市民文化的重要组成部分，以至现在如果去天津古文化街仍然可以感受到这种文化氛围。这样的人文环境培育了丰富多彩的民间文艺，也养育了几代"泥人张"。这么多深受津门民众喜闻乐见的都市里巷的市民艺术，作为一种重要的民间文化背景与人文资源，又从题材、形式、构思、审美等方面影响着"泥人张"。记得"泥人张"第三代张景祜先生曾讲述过这样一件往事，他说："第一代张明山非常喜欢戏曲，经常到戏馆中看戏，观察记忆着演员的动态、动势、身段、表情，回来后哪怕已是深夜，他也要把记忆中的人、形、事用白描的方式描绘在纸上，并以文字记录重要情节和过程，成为他创作的素材。"这种从生活

天后宫戏楼　　　　　　　　　天后娘娘

中获取创作元素的方法，从一个侧面反映了"泥人张"彩塑艺术正是得益于这样一方水土养育的民间文艺，这些生活的积累给予"泥人张"在审美特征上的外在直观感受和内在精神的全然本土特色。这种亲和与互动，使得"泥人张"更加热爱繁衍它的那一块津门热土上的风物人情，也更加激发"泥人张"的创作热情。

风俗教化

艺术的社会功能是反映社会生活，而风俗文化又源于人的社会生活。在不同地域生活的人，因气候、环境、历史以及价值取向和审美情趣而逐渐形成那一地域的独具特色的风俗文化。在天津这一由漕运驻防而逐渐发展起来的城市中，其早期人员结构主要是以驻防的兵丁及其家属、随员，以及漕运的下层民众为主要组成人员。他们在物质生活、精神生活和生产实践的长期进程中，形成这一群体的消费观、价值观、人生观和相应的文化和风俗形态，以及应运而生的众多民俗文化样式。诸如反映衣、食、住、行的物质民俗，反映工商业习俗与婚、丧、嫁、娶的社会民俗，给人以心理慰藉的宗教民俗等。这些纷繁多样的民俗世相已经扩展到社会文化的各个领域。这些民俗的文化内涵，约定俗成的规定与样式，正是社会民生的日积月累和变化演进的结果，反映了民众丰富多彩的生活形态和思想情感，也是"泥人张"彩塑艺术创作取之不尽的源泉和表现对象。

天津的婚俗、丧俗有特定的着装、饰物、队列、仪仗和礼仪。像天津的春节有明确的时间界定，是从过小年的腊月二十三至元宵节；有节前置办年货，制作新衣，举行掸尘、祭灶、祭祖、吃年夜饭、守岁、贴春联、挂年画等习惯；节日期间有拜大年、放鞭炮、喝春酒、吃年糕、吃饺子、吃元宵等风俗。天津有许多寺院庙堂和诸多庙会。天后宫庙会历史悠久，是天津民俗文化的一大人文景观。每到旧历三月二十三是妈祖娘娘的生日，世人到此进香祈愿，商贩叫卖各种年货、应景器物和百戏玩物，购物人流如潮，形成热闹非凡的集市，其盛况至今不衰。正是这些民俗文化的世相百态，正是这些民生、民习、民俗的多姿多彩，才使得生活在这一群体中的"泥人张"有了如此多的来源于这一文化状态的民俗题材和风俗人物。"泥人张"体味风俗生活、民俗世相中的心理情感，用彩塑的艺术语言及艺术技巧，将客观物象熔铸于感情化了的艺术表现之中，通过"情与物汇"、"意与象融"的艺术形象，使观者透过有限的形象，体验无限的感情回味，潜移默化地给人以陶冶与教化。

"泥人张"这一精、巧、妙的艺术成就，既得益于自身的艺术修炼，又取决于师法自然和贴近生活——从风俗教化中选择题材，抓住典型人物，捕捉其感动人心的形象特征，捕捉富于个性的形体动态，充满深情地雕塑出耐人寻味并具有个性的彩塑作品。在创作上的认识—实践—再认识—再实践的无尽反复中，一件件出自"泥人张"之手，集精、巧、妙于一体的彩塑，又从审美角度，起到了传播民俗文化和教化民众的作用。

综上所述，"泥人张"彩塑艺术的孕育、生成与发展，缘于一方水土的养育。这方水土的文化以及依附于这一文化的人文关怀滋润了"泥人张"与"泥人张"彩塑艺术。

"泥人张"彩塑的艺术特征

立足民间、题材多样

"立足民间"是"泥人张"彩塑的重要特色。天津的民间文艺兴盛,各类曲艺和文艺形式都成为民间文学的流传方式。民间的艺人们通过口传心授,继承和发扬了大量的文学遗产。尽管民间艺人们大多读书不多,但对于历史掌故、风情传说往往如数家珍。这样一个优越的大背景,使得"泥人张"在取材上如鱼得水,在题材上它再现了在民间流传的古典名著、典故传说和民俗风情,其内容具有一定的情节性、故事性和传奇性,深受老百姓的喜爱。

"泥人张"几代虽在题材、形式表现方面有所区别和变化,但他们又有一个共同点,即题材和艺术语言都能符合中国人的审美习惯,具有良好的观赏性,同时又具有高度的精神审美,将人生态度、艺术观念都融合在作品的创作当中。

"泥人张"自创始之初所建立起来的一整套审美、思想观念以及基本稳定的艺术风格,随着社会的发展,已逐步融入当代艺术的创作之中。

以善为美、以形写神

"泥人张"用仁善的心理,观察自然物象,体验民情生活与风俗习惯,从生活中感悟"真、善、美";用善良的心灵,托物喻理,喻示人生,将所感所想予以物化,造"善"美之形;用"善"美之形,衍生意象,陶冶人们的心灵,舒豁人们的胸怀、思想和境界。这是与中国民间传统中的"以善为美"的观念一脉相承的。"寄善"的心境使创作者因物移情,缘情发挥,开拓意境,畅意写神,塑造出善和、天真、妙解物趣的美好意境。造型以求真、求善、求美为目的,感受生活的脉搏,求索自然意趣的"善"形;从天真、和顺、爱慕等构想中,发掘具有情趣和神采的形象,透出浓浓的民俗情结;从艺术造型的内容与形式中,去追求"善"与"意"的多样造型和情致,达到内涵丰富、意趣盎然的艺术效果。看似展现文化历史、民俗故事和民间传说,实为思念、盼归、情爱、悲伤的"善"意之情的精妙揭示,很有发人遐想的意趣。从"寄善"中写意,从写意中"寄善","泥人张"彩塑传承了中国民间文化的文脉。

以形写神,重于表现情感因素,是"泥人张"彩塑的又一重要特点。传神是中国艺术的最高审美要求。人物的面部表情,是最能表现人的思想感情的,文人的儒雅、武将

《同光十三绝》

《皇帝》 张明山

《借伞》局部 张景祜

《借伞》局部 张景祜

《老子出关》 张玉生

的骁勇、侍女的妩媚、百姓的淳朴都要通过人的眼神、嘴唇的微妙变化传达出来，眼睛离不开五官的谐和，"泥人张"彩塑特别擅长对于人物神态的把握，而不是仅仅局限在形态和表象的塑造上。京剧名角余三胜与第一代"泥人张"是同时代的名家，在当时也多有艺人为其塑像，但多是以程式化的手法强调其眉宇间的三道皱纹，而张明山给余三胜所作塑像则是从其神态入手，毕肖其人，连余三胜本人也赞叹不已。此外，神态也离不开身姿手势的配合。同时，传神除了表现在个体形象本身，还表现在人物关系之间的整体意境中。"泥人张"艺术正是通过这一系列的手段使作品达到传神的境界。

技巧性也令人叹为观止。如第一代张明山的作品《蒋门神》，高仅几寸余，造型简洁，处理上十分到位，寥寥数笔就塑造了一个个性鲜明的形象。

小中见大、内容丰富的特点还体现在情节的表达上，选择典型化的场景也是以小见大的重要体现。造型凝练的彩塑，首先是诉诸视觉，以静示动。彩塑的某一姿态，是动作的前因后果的综合，通过瞬间的姿态来造型，概括地反映运动的整个过程。因此，选择雕塑所需表现的情节，以静态动作表现整个故事的发展和高潮乃至思想情感，也是十分重要的。

小中见大、内容丰富

"泥人张"彩塑的另一特点是小中见大、内容丰富。从塑造上看，"泥人张"作品体量不大，在处理人物细节、整体和取舍关系上与大体量的作品有一定差异，有其独到之处。艺术作品的品位高下，与作品的体量大小并没有直接的、必然的联系。小体量的作品同大体量作品一样，同样可以产生动人心魄的传世之作。"泥人张"彩塑作品正是属于这一范畴。其作品手法洒脱而准确，以小见大，并且内容丰富，丝毫不显空洞。在"泥人张"的作品中，头部、手脚、衣纹塑造无一不精，彩绘精致细腻，与通常意义上的小型泥稿不尽相同，除了具备大体量雕塑的特点外，塑造和绘制的

《惜春作画》 张明山

以线为形、以线为美

中国绘画重视线条的表现力也影响到"泥人张"彩塑的风格。"泥人张"彩塑以体积为主要表现手段,并辅之以既有表现力又有形式美的线条,这使"泥人张"彩塑具有鲜明的东方风采。

与突出团块、光影效果的彩塑造型方法相比,突出线条的作用是一种富于概括性的造型方法。"泥人张"彩塑运用抽象的线条,概括物象的形态,获得圆满的立体效果。这个效果不在彩塑实在的形态上,而超乎于形表之外,它产生于观赏者的感知,是一种由人的精神补充上去的立体空间感。

"泥人张"彩塑,线条的表现达到出神入化的境界。塑像线条常常表现得如运笔般得心应手,衣裙层叠的线条弯转自如,衣内人体的动势巧妙地表现出来,线条本身的美感和生气,也通过线条的韵律和节奏得到充分显现。"泥人张"彩塑线条作用于不拘泥形体外表的空间感中,有着一种与西方团块雕塑的实在空间感大异其趣的美感。在长期的实践过程中,"线"作为"泥人张"彩塑创造形象和表达自己思想感情的艺术语言,显示出丰富的表现力及艺术美感。

同时"泥人张"彩塑艺术的表现方法是根据不同题材主题去观察形象,创造形象。塑造形体的整体和局部时既强调有变化,又要统一和谐,不仅总体轮廓线型需要推敲,局部的衣纹也是倍加斟酌。因为衣纹不仅是动势走向的符号,同时还是表现人物性格、情态的标识,也是增强形式美的手段。中国艺术中线条是最主要的造型手法,"泥人张"彩塑的线条体现出一种绘画性特征:繁复的衣纹与面部、手脚构成鲜明对比,加之以灵动飞舞的飘带,令人感到呼之欲出。此外,塑像的头、手等部分比例得当,通过神态的把握,反映人物的

《磨刀人》 张玉生

《马连良》 佚名

《飞云浦》局部 张景祜

身份与性格,可谓形神兼备。除了形态上的精美,"泥人张"彩塑很注意在服装刻画上下功夫,不仅将塑像衣服质地的轻薄、厚重之感真切地刻画出来,更常常运用衣纹的走向折变表现人体动态与身段,甚至利用衣纹的刚柔、轻重,烘托人物的精神气质和内在性格。

随类赋色、和谐统一

"泥人张"彩塑的另一个艺术特征,是色彩在雕塑中的表现。但这种表现与中国传统彩色雕塑是不同的,主要的区别在于各自的塑造对象不同,塑造的目的不同。"泥人张"彩塑反映的是社会现实,即使是神话传说中的人物,也是以生活中为人们所熟悉的形象为原形。"泥人张"彩塑在色彩的运用上是以真实为前提,这也是在民间广为流传、为老百姓所喜爱的原因之一。随类赋色是中国古代绘画的创作原理,也是"泥人张"彩塑的色彩运用规律。"泥人张"彩塑把色彩与型体二者的关系处理得十分科学。色彩在视觉上的对比要比型体的对比明显,色彩与型体的关系直接影响彩塑整体的艺术效果。色彩的统一与调和是彩塑中的绘画因素,型与色之间,彼此互补,利用各自的功能增强彩塑的艺术魅力。同时,也要根据不同题材的造型,施以不同色调,或冷或暖,或朴素或富丽,或强烈或清雅,最终要统一在整体色调之中。一件作品既融入作者主体精神的表达,也是对客观对象的审美观照,追求审美主体与客体间完美统一。"泥人张"彩塑那种具有生活气息和动人心弦的艺术风格,其鲜明的艺术特征承传至今,弥久常新。

气韵生动、意境深远

"泥人张"彩塑在对审美情趣的认识上与中国的传统文化是一脉相承的,因此,它更加关注于"气、势、韵、场"的感受。在东方文化特有的"天人合一"观念的影响下,"泥人张"更强调整体性的把握,在"气韵生动"的基础上更进一步营造出一种"场"的氛围,即利用整体的表现手段给观者造成一种"入境"的心理感受,使其完全融入作品所营造的氛围之中,暂时忘却身外的俗务,深深沉浸于对作品的感动中。"泥人张"彩塑同样秉承着中国传统的审美标准,在追求写实性基础上强调形神兼备,气韵生动。

"泥人张"彩塑的现状

新中国成立后随着"泥人张"彩塑艺术事业的不断发展,其社会的认知度得到更加广泛的扩展,其作品呈现地域性的文化特征,造型亲切而生动,深受人们喜爱,成为文化交流、礼品馈赠、文化消费的一种选择。在改革开放以后,我国的综合国力不断增强,社会经济得到空前发展,人们在物质消费不断提升的同时,对精神消费的需求随之与日俱增,具有民间艺术地域性特

《刘海戏金蟾》 张明山

《钟馗嫁妹》 张玉亭

《惜春作画》 张景祜

《新苗》 张铝

《颗粒归仓》 杨志忠

色的"泥人张"彩塑，或作为装点家居的装饰，或作为馈赠的礼品，或出于爱好收藏等因由，成为人们的求取对象。在社会主义市场经济不断替代计划经济的渐进过程中，"泥人张"既保持了已获取的良好社会效益，又在此基础上探索开发其彩塑艺术的经济效益，使部分"泥人张"彩塑融入社会经济机制之中，求取经济利益的相应回报，以补充事业经费之不足。这为"泥人张"彩塑艺术事业的发展与艺术实践提供了经济支持，为喜爱"泥人张"彩塑的人们提供了选择、收集和收藏的索购渠道。全国各地尤其是天津和北京，组建了不少"泥人张"彩塑的创作和经销工作室，它们一方面从事彩塑精品的临摹与旅游纪念品复制，另一方面从事原创性彩塑作品的创作，专门针对海内外的群众或旅游团队，以及进行文化交流的宾客等，以作为纪念礼品。多年来，通过各种渠道，彩塑工作室所创制的彩塑作品已销往国内的各主要城市和海外的东南亚、欧美等地。日本芦屋市"中国近代美术馆"还专门设立了"泥人张"彩塑陈列室，"泥人张"为国家赢得荣誉，为中外文化交流做出了贡献。同时，工作室也在创作与创收的综合实践中取得了丰厚的经济效益，于是这种经济利益又支持和促进了彩塑艺术实践和"泥人张"彩塑工作室的发展。

经过几代人的艺术耕耘，当代"泥人张"已不仅仅局限在代代传承的家庭式作坊，而是步入高等教育的艺术殿堂，在传统"泥人张"的售卖功能的基础上，更加强调展示陈设或景观环境中的学术化倾向。与此同时，系统化的学术体系也在拟定和加强，"泥人张"艺术成为当代新学院中的一支。当代"泥人张"的代表人物多毕业于高等艺术院校，经过系统的理论与实践学习。在以西方教学体系为基础的学院教学和家传技艺的双重影响下，理论性知识与经验性知识的结合，在当代"泥人张"身上得到体现。"泥人张"彩塑的艺术化倾向始自新中国成立后。以往数代"泥人张"彩塑艺术多倾向于技艺性，"盖其神乎其技也"，但即使是达到了"神乎其技"的水准，仍难以掩饰其在学术理论方面的缺失。而

"泥人张"店面

塑艺术学术化的体现。

"泥人张"彩塑艺术的蓬勃发展创造了中国传统民间艺术的奇迹，在当代民间艺术不断萎缩的情况下，"泥人张"彩塑艺术作为个案，值得每一个关注民间艺术的人深思。随着时代的发展，"泥人张"彩塑艺术必将取得更大的辉煌。对此，我们深信不疑。

过年一景

"泥人张"彩塑成为一门系统化的知识，成为高等艺术院校中的一门专业课程，已有近30年的历史。当代"泥人张"在多年的教学当中，不仅建立了一整套系统的理论体系，更为重要的是形成了一个创作的集体。"泥人张"彩塑艺术从一门带有秘技色彩的家学成为具备开放性的艺术门类。几十年来，"泥人张"培养的艺术专业学生已遍布大江南北，有的已成为当代艺术院校的骨干教师。

"泥人张"彩塑艺术已然成为当代中国高等艺术院校雕塑教学中的重要一环，传授方式也不再仅仅局限于口传心授，而是整理出一套系统的教学理论，出版了多部专著。如果说以往历代"泥人张"更多依靠的是对于艺术形象的感性认识和一部分技巧口诀，当代"泥人张"则注重建立一整套理论体系。当代"泥人张"系统的学院教育背景使其在文化水平与学养方面比前代有了很大的提高。彩塑艺术成为原中央工艺美术学院、现清华大学美术学院雕塑专业本科必修课程中的精品课和硕士研究生的专业方向，正是"泥人张"彩

年的风情

代表作

中国民间泥彩塑集成·泥人张卷

代表作

「泥人张」第一代

中国民间泥彩塑集成·泥人张卷

观书仕女

- 张明山 作
- 高 31.5cm
- 作品造型呈直形坐姿，形象圆润饱满，弯眉凤目，垂鼻小口，梳高髻，一手持书。从其斜视的眼神与手势，与观者产生一种交流的意象，使得本为泥制的塑形顷刻间幻化为有生命活力的艺术形象。人物造型简洁，色彩明快，表现了传统女性端庄大方、知书达理的个性风采。

少 女

◎ 张明山　作

◎ 高　30.5cm

◎ 作品塑造了两位相视静坐于石上的少女。一位形象圆润，面带笑容，轻轻扭转身形，似叙述一件趣闻；另一位年龄略长，神态安详，似低目含笑，若有所思，静静地倾听和细细地体味。二者动态呼应，神态互映，从静态的造型中，体现了动的变化。其色彩清雅明快。

木兰从军

◎ 张明山　作

◎ 高　37cm

◎ 作品取材于《木兰辞》。中心人物花木兰搭弓扣箭，身着戎装，严阵以待；一兵丁挺胸怒目，紧握军旗立于木兰之旁，另一兵丁吹起号角，号令千军冲锋于战阵之中。主帅的镇定、掌旗者的坚定、吹号者的威猛，在静与动的形态与神情之中，人物的性格特征和作品的意境均表现得相当充分，色彩古朴厚重，有晚唐塑造遗风。是为张明山代表作之一，现珍藏于颐和园。

代表作：『泥人张』第一代

中国民间泥彩塑集成·泥人张卷

持帽翁

◎ 张明山　作
◎ 高　30cm
◎ 泥塑的老者形象丰满慈祥，长髯，梳高髻，身穿淡紫长袍，右手持帽，左手放于膝上，足蹬云履，衣着朴素，总体造型完整，风格厚重、纯朴。

代表作：「泥人张」第一代

严振肖像

- 张明山　作
- 高　29cm
- 严振是天津士绅，清末著名的教育家、新学倡导者严范孙之父。作品形象儒雅，目光慈祥，造型生动，衣纹简洁，饰物精巧，色彩静雅，表现了博学士绅的儒雅风度。

风尘三侠

◎ 张明山　作
◎ 高　37cm
◎ 取材于唐人传奇小说《虬髯客传》。其内容是李靖谒见司空杨素，谈天下事，杨素欲用之；相府歌伎张氏侍于侧，见李靖谈吐不凡，倾心于李靖，当夜双携逃之；路遇虬髯客，倾其心声，虬髯客见李靖才貌非凡，将家产尽赠二人即飘然离去。作品表现虬髯客为浓眉、豹目、狮鼻、方口。圆睁双目放射出炯炯神采，翘张的鼻翼感发着激动与豪情，长须飘摆胸前，粗大的双手抱拳示意，表现了朋友间欢聚、别离的情怀。宽大的双肩和挺起的胸膛显出豪放刚毅的性格。长长的披风运用大块衣纹，直立稳定的姿态以及简洁完整的造型，更突出形象的坚定感。李靖箭眉立目，垂鼻小口，五官端正，形象清秀；其头戴方巾，身着长衫，足蹬高靴，长带束腰，宽袍大袖，表现了一位清秀潇洒、儒雅而豪放的贤能才子形象。其身体稍稍前倾，抱拳拱手致意呼应，互伴有声。少女红拂则别具一格，她有一双柳叶弯弓眉，俊秀明亮的细目，悬胆垂鼻，樱桃小口，形如大家闺秀。但她那宽大的斗篷紧裹身体，斗篷上面紧束披肩，斗篷内双手侧胸相握，似上下摆动，仿佛与两位兄长持礼相拜，寓示了少女的非凡。她不仅是俊秀纯情的少女，还是一位饱经风霜世故，有胆识有魄力的女子。作品的三个形象，一位刚毅豪放，一位文静内在，一位俊俏痴情，充分表现了各自的性格与形象。作品采用立式构图，三者疏密相间。衣纹处理或轻软流畅，或刚劲奔放，或方圆相交，或曲直相间。衣服的质感处理得或松软如绸，或坚硬似缎；色彩淡雅古朴，图案繁简得当，形色互补，使塑造与色彩和谐统一于造型中，刻画了人物的神与情，是一件上乘之作。本作品被列为国家一级文物，珍藏于颐和园。

读西厢

◎ 张明山　作

◎ 高　37cm

◎ 作品取材于中国古典文学名著《红楼梦》，运用均衡对应式构图，人物宾主分明、虚实相生，造型变化丰富；形象刻画细腻，富于个性。衣纹处理既有松紧、方圆、曲直的多样变化，又将来龙去脉交代得清清楚楚，把握了绸子衣料的松软质感。色彩描绘既有主调，又利用色面与色块、色点与色线、冷色与暖色的对比，使得塑形在色彩的描绘中，达到了形、色的完满结合。作品在人物形象的眉目点绘、衣饰图案的勾勒描绘都见色见笔，显示了张明山深厚的绘画功底和精到的彩塑技艺。

品箫仕女

◎ 张明山　作

◎ 高　28.5cm

◎ 作品采取组合式构图，一年轻少女托腮侧视，静品箫音；另一年长少女倚坐在山石上，吹起悠扬委婉的箫音。二者形象秀丽，神情动态婀娜多姿，色彩明丽而不过艳，统一而不单调。

代表作：「泥人张」第一代

中国民间泥彩塑集成·泥人张卷

代表作：「泥人张」第一代

孙夫人试剑

◎ 张明山　作
◎ 高　37cm
◎ 作品取材于中国古典文学名著《三国演义》。其构图采取互应式的组雕构图，主要人物孙夫人手持长剑左右翻看；刘备手捻长髯安然地侧立一旁，似有所思，丫环把灯照明，目视主人。三者虽动势各有不同，但其目光却集中于宝剑之上，仔细地观瞻装饰华贵又具有剑刃锋芒的宝剑，似称赞："好剑、好剑啊"。
作品造型简洁，衣纹塑造得舒展流畅，衣料的材质轻柔松垂，富于肌理变化。人物关系相互照应，形象生动，有晚唐塑造余韵，既饱满丰润，又洒脱传神。其色彩淡雅古朴，运笔流畅自如，围绕看剑的视觉中心，构建了生动的彩塑组雕造型。作品现珍藏在天津艺术博物馆。

白蛇传

◎ 张明山 作
◎ 高 36cm
◎ 作品取材于新编神话剧《白蛇传》。另明《清平山堂话本·西湖三塔记》中记载了这一民间传奇故事。该作品以此为题材，通过均衡互应的构图，将许仙、白娘子、小青组构在近似三角形的形式空间之中，又运用浪漫的表现手法将钱塘书生许仙，在清明扫墓之际，偶遇由白、青蛇变的少女白素贞和小青，由此产生的爱情与情感波折，进行典型化的创造，提炼概括于断桥相见的情节之中。作品通过形象与动态刻画表现了许仙因受法海的挑唆，负心于白娘子，在断桥相见后许仙的悔恨与歉疚害怕的复杂心理，小青同情白娘子、怨恨许仙与法海的是非情感，白娘子的爱恨、悲喜的团聚之情与别离之怨都淋漓尽致地体现出来。作品以蓝灰为主色调，衣着点饰细密的图案和线形，烘托这一浪漫爱情故事，使作品更具艺术感染力。

蒋门神

◎ 张明山 作
◎ 高 8.5cm
◎ 作品取材于中国古典文学名著《水浒传》。此作仅高寸余,其人物造型概括凝练,形象刻画生动,性格特征明显,有反面人物的典型性,是件具有代表性的小型泥塑精品。

代表作:『泥人张』第一代

中国民间泥彩塑集成·泥人张卷

零肆捌

和合二仙

◎ 张明山　作
◎ 高　35cm
◎ "和合"取和谐、和好、吉祥之意。民间又将"和合"象征夫妻和美相爱的神名。人物形态生动，一人手持瓷瓶与牡丹花，另一人肩承金蟾，手持铜钱，喻意平安富贵、和谐祥瑞。

渔樵问答

◎ 张明山　作
◎ 高　52cm
◎ 该作品是张明山反映民生题材的作品之一。作品选择渔翁与樵夫路遇问答的情节，表现人间友善的和谐之情，形象生动传神，形体结构准确，色彩和谐统一。总体造型通过对人物表情的刻画和对衣着、道具的塑造，表现了劳动者的淳朴、友善及乐观的性格。

代表作：『泥人张』第一代

中国民间泥彩塑集成·泥人张卷

零伍零

张敞画眉

◎ 张明山　作

◎ 高　35cm

◎ 据《汉书·张敞传》载："敞字子高……敞无威仪，……又为妇画眉……上问之，对曰：'臣闻闺房之内，夫妇之私有过于画眉者。'"故将张敞画眉比作夫妇恩爱。作品表现的是夫妻间的和睦之情。作品采用均衡互应式构图，将主次人物组构于近于长方形的空间形式之中。张敞手握画笔，夫人手托铜镜，含情相视，丈夫之笔似瞬间绘于夫人眉间。身边双手托砚的侍女，其动态、眼神刻画得十分到位。整个作品充溢着浓浓的诗情画意般的温馨。人物形象饱满，有晚唐塑造之风；造型紧密、完整；疏密得当，虚实有序。人物衣纹大小、方圆、曲直变化多样，色彩清雅古朴，衣饰图案尤见功力。该作品是张明山代表作之一，现存于颐和园。

天　官

◎ 张明山　作

◎ 高　8.5cm

◎ 天官司为道教三官之一（三官即天官、地官和水官），传说"天官赐福"，在农历正月十五天官往福地降福。该《天官》是张明山小型泥塑系列性作品之一。其造型概括整体，便于模塑复制。形象生动传神，衣纹洗练简洁，虚实处理得当。总体比例正确，形体饱满、动态含蓄。

代表作：「泥人张」第一代

春秋配

◎ 张明山 作

◎ 高 25cm

◎ 作品题材取自京剧《春秋配》的剧情。商贾姜韶之女秋莲,受继母贾氏虐待而引发了一个错综复杂的命案冤情,经由巡按何德福私访后,申明正义并举荐书生李春发为翰林学士,奉旨使李春发与张秋鸾、姜秋莲成婚。

该剧亦称《捡芦柴》、《捡柴砸涧》。1917年5月梅兰芳首演。黄桂秋擅长唱腔,表演独具特色,因此该剧又为黄派代表作。张君秋亦长于此剧,现在演出多为张派。

作品选择了《春秋配》中"捡柴"一折。继母贾氏逼秋莲往山间拾取芦柴,秋莲悲苦,其乳母慰之。遇书生李春发,见而询问,乳母以实告之,李春发赠银。作品中乳母穿黑色坎肩,系腰带,着长裙,束头巾,面容苍老,目侧视,口微张,双手示指一方,似倾诉。坐姿的秋莲,面容愁苦,穿深色长衣,左臂自然垂于膝间,右臂遮面,似有点点羞涩。书生春发着竹兰花袍,戴冠,直立呈问答状。从人物的形态组合中,显现了人物的精神形貌和性格特征。作品体现了以形塑神、以神入境的艺术表现方法。

代表作：『泥人张』第一代

严仁波肖像

◎ 张明山　作

◎ 高　26.5cm

◎ 严仁波，名在宽，字仁波，清末人。严范孙之伯父。天津士绅，曾建育婴堂和牛痘局。

该作品高仅尺余，其比例之精确、造型之洗练、形象之传神、饰物之精巧、色彩之统一均表现了张明山炉火纯青的技艺技巧，因此得到徐悲鸿先生的赞誉，推崇为"只有历代帝王像中宋太祖、太宗之像可以拟之。若在雕刻中，虽杨惠之不足多也"。

彭掌柜像

◎ 张明山　作

◎ 高　32cm

◎ 肖像主人是张明山邻居，面铺老板。其形态丰满，疏眉、小眼、凹鼻、厚唇、垂目、体肥壮。双手平扶膝上，双足自然踏地，手脚略小，身着衣褂，色彩以蓝灰色为主调，从其形色的表现中，显现了彭掌柜是一个庸碌懒散的商人。

代表作：『泥人张』第一代

刘国华像

◎ 张明山 作
◎ 高 25cm
◎ 刘国华系天津著名细木工匠，是张明山的挚友。
该肖像塑造了刘国华着长衫马褂端坐于石旁的形象。通过其清癯的面容、细薄的口唇，以及淡淡的微笑、结实的筋骨、高耸的胸肩，呈现出一位饱经沧桑的知名艺匠的形神风采。其形清瘦而刚毅，其目平视而有神，其姿端坐而富动态，其器小巧而精美，其色质朴而和谐。张明山出神入化的技艺，把一个知名艺匠表现得真实而生动。

中国民间泥彩塑集成·泥人张卷

刘海戏金蟾

◎ 张明山 作

◎ 高 38cm

◎ 作品取材于中国民间神话故事。刘海本在朝为官,后受仙人点化弃官求道,号海蟾子,民间文艺作品常常将他表现为与金蟾戏耍的形式。因金蟾与金钱谐音,故又称刘海洒钱,意喻着招财进宝、日进斗金。这件作品是"泥人张"第一代张明山所作。造型充分体现了泥塑艺术的特点,人物身体尽量团块化,而衣服下摆则悬挑,富于动感,与身体形成一动一静的对比。刘海背部趴着一只金蟾,与其面部形成呼应,体现出精妙的构思。

「泥人张」第二代

代表作：「泥人张」第二代

黛玉葬花

- 张玉亭　作
- 高　31cm
- 作品取材于中国古典文学名著《红楼梦》。黛玉在花园中因见飘零的落花，而感伤自叹孤独的身世，于是有感而发，集花葬花，并赋诗寄托心声。
  作品选择了移步集花的情节。人物一身淡雅素装，纹饰隐约流畅。人物形象及造型均以京剧艺术大师梅兰芳扮演的舞台形象为原型，再经过彩塑的艺术加工而成。

麻姑献寿

◎ 张玉亭 作
◎ 高 27cm
◎ 麻姑是传说中的女仙，最早见于晋葛洪《神仙传》，称其为东汉著名仙人王方平之妹，建昌人，常在牟州东南的姑余山修道，后宋徽宗政和六年封为真人。世传麻姑为长生不老的神仙，因此每逢妇女祝寿时，即书写"麻姑献寿"或绘制麻姑形象以为祝寿的吉利。
该作品以此为题材，塑一少女，其柳眉细目，垂鼻小口，身披搭肩，着长袍长裙，手提仙桃，轻移细步，似风移荷花般飘然而至。作品形象喜善秀美，形态轻逸飘然，造型静中有动，色彩以红为基调，烘托喜庆吉祥之意。

渔 女

◎ 张玉亭 作
◎ 高 25cm
◎ 作品以一名渔家少女坐在岸边的石头上休憩的场景为题材,表现出恬淡、闲适的生活场景。少女两手交叠,头巾衣袖被风吹得微微扬起,富于生活化。人物的坐姿呈"S"形,飘动的头巾与衣袖同人物的身体形成对比,用色素雅、清新,充分体现出作者的纯熟技巧。

代表作:『泥人张』第二代

钟馗嫁妹

◎ 张玉亭 作
◎ 高 36cm
◎ 钟馗,中国古代传说中能打鬼的神。旧时民间常挂钟馗像,用以驱除邪祟。相传唐明皇于病中梦见一大鬼捉一小鬼。上问之,答称钟馗,因生前误入鬼窟而形貌变异。又因丑陋而武举未中,一气之下碰壁而亡,死后决心捉拿天下妖孽。钟馗为谢好友杜平葬埋之恩,以妹嫁之,并会同众鬼送亲。这件作品选择嫁妹送亲情节,以移形排列式的构图手法,将众多人物组构于链状的横向延续的时空之中。人物形象夸张有度,动态变化错落有致,色彩节奏归纳有序。整个作品起承转合一气贯通,引导观者浏览全作。作品充分显示了作者丰富的想象力和深厚的艺术造诣。这件艺术珍品现珍藏于天津艺术博物馆。

代表作:『泥人张』第二代

钟馗嫁妹

◎ 张玉亭　作

代表作：『泥人张』第二代

零陆叁

中国民间泥彩塑集成·泥人张卷

事事如意

◎ 张玉亭　作

◎ 高　37cm

◎ 作品运用象征手法，塑造一位少女手提柿子竹篮，以比喻事事如意的纳吉之意。其造型舒展，动态轻盈，形象圆润，人物动静结合，自然成趣。

代表作：『泥人张』第二代

惜春作画

◎ 张玉亭　作
◎ 高　35cm
◎ 作品取材于中国古典文学名著《红楼梦》，表现惜春奉贾母之命绘制大观园全景图像的作画情节。中心人物惜春正微转身形，提笔作画，双眉紧俏，目下视，口抿合，似正处于思索之中，旁边的宝玉专注地欣赏着，丫环边研墨边赏画。三者构图紧密，互相呼应，神态专注，突出了作画的主题。

花袭人

◎ 张玉亭 作
◎ 高 31.5cm
◎ 作品造型呈直形站姿，形象圆润饱满，弯眉凤目，垂鼻小口，梳垂髻，负手而立，身微前倾。从其斜视的眼神，与观者产生一种交流的意象，使得本为泥制的塑形顷刻间幻化为有生命活力的艺术形象。人物造型简洁，色彩明快，表现了花袭人端庄大方、精于世故的个性风采。

三英战吕布

◎ 张玉亭　作

◎ 高　35cm

◎ 《三英战吕布》是三国时刘、关、张三兄弟在虎牢关打败吕布的故事。剧情是：三国未定时，吕布镇守虎牢关，勇猛异常，曹操曾推荐刘、关、张三位到孙坚帐下，但孙坚轻视三人，不予重用。后孙坚与吕布交战，大败回营却谎报军情，被张飞揭穿。当吕布遣将以求再战，刘、关、张三兄弟合力出击，击败吕布。

作品以京剧着装和脸谱谱式作为塑造元素，将刘、关、张和吕布在亮相的一瞬间进行定格，通过形色语言的刻画，表现了一代英豪的勃勃雄姿。

看手串

◎ 张玉亭　作

◎ 高　36cm

◎ 取材于中国古典文学名著《红楼梦》，作品选择宝玉观看元春赐与宝钗的红麝香珠手串的情节，采用均衡互应式构图。宝钗梳旋髻，面目饱满俊秀，着淡妆、长衣长裙，轻微扭动身形，伸出左臂，亮出玉腕上的手串，面含羞色；宝玉头戴宝冠，梳长发，面容清丽稚雅，头侧倾，身前探，双臂反背，着华丽彩袍，束长带，喜眉张目审视着手串；一丫环举手托腮，立于主人身旁注目观赏。三人的视点聚焦在手串上，又将宝钗、宝玉和丫环各自的形态和表情刻画得淋漓尽致。

中国民间泥彩塑集成·泥人张卷

岳 飞

◎ 张玉亭　作

◎ 高　35cm

◎ 岳飞是家喻户晓的英雄，南宋时期曾南征北讨，抗击金兵，立下赫赫战功。岳飞青年时，其母在他脊背上刺下"精忠报国"四字，岳母刺字教子立志的故事流芳千古。作品塑造了岳飞戴金盔、着金甲、穿战袍，表现了气宇轩昂、英姿勃发的大将风采。

花木兰

◎ 张玉亭　作
◎ 高　37cm
◎ 花木兰是北魏时期乐府诗《木兰辞》中的人物，是民间广为传颂替父从军的英雄。

木兰头戴红缨软帽，身穿黑色戎装，着紧身蓝外衣，蹬高足靴，手握弓，箭入囊，束腰刀，整装待命的造型，表现了花木兰女扮男装的秀美和英武。作者又以洗练的大刀阔斧的形体，塑造了花木兰驰骋万里疆场的威武雄姿。

代表作：『泥人张』第二代

渔 妇

◎ 张玉亭　作

◎ 高　20.6cm

◎ 取自渔家生活题材，采用均衡式构图形式。造型中渔妇与儿童的体量大小、形体高低、结构的疏密变化恰当有序。渔妇手持鱼竿，肩背鱼篓，侧身回视；儿童肩担鱼篓，仰头望着母亲，尽显天真可爱以及与其母相依相帮的母子亲情。人物造型别具匠心，力求以线与面的对比，或曲直相交，或聚散相间的艺术语言，塑造优美的形式。

扁 鹊

◎ 张玉亭 作
◎ 高 37cm
◎ 扁鹊，姓秦，名越人，渤海郡郑人（今河北任丘），战国时的医学家。作品所塑人物，戴蓝色软冠，面容清瘦，天庭饱满，目有神，口微张，似审视交流；五缕长髯飘于颈前，身穿褐色长袍，着蓝披肩，一手持杖，一手握灵芝，尽显古代名医遍赴各地行医及亲历采药的艰辛。人物造型刚劲，整体色调古朴雅致，衣纹洗练飘动，是一件传神之作。

代表作：『泥人张』第二代

宝琴乞红梅

◎ 张玉亭　作
◎ 高　35cm
◎ 作品取材于中国古典文学名著《红楼梦》，选择宝琴踏雪赴栊翠庵妙玉处乞梅，在得到妙玉相赠的红梅后，欣然回大观园的情节。
宝琴形貌俊俏，束围巾，披袭衣，手持梅枝，造型整体，色彩沉稳，丫环梳偏发，形象灵巧，身穿黑色坎肩、素色长裙，手握梅瓶，目视主人，相随身后，二者相视相携，轻移莲步于风雪之中。其总体造型既生动富于变化，又内在含蓄，引人思索。

曹恕伯肖像

◎ 张玉亭　作
◎ 高　34.5cm
◎ 曹恕伯(1879—1956),名鸿年,天津人,善书画,天津文史馆馆员,张玉亭好友。作品形态飘逸,富于动态,形象生动,色彩明快协调。尤其是表现人物在手执笔悬举,凝思细忖的神情,意会其成竹在心、即将瞬间将时空风云点绘于笔端的大家风范。

代表作：『泥人张』第二代

二学士

◎ 张玉亭　作
◎ 高　38cm
◎ 二学士，一位是唐初的袁天罡，四川成都人；一位是唐初的李淳风，精通天文法象，著有《典章文物志》等专著。他们二人，一位是文质彬彬的智者，五官端正，蚕眉凤目，直鼻方口，五缕长髯自然垂在胸前；目含蓄，眉微蹙，身前倾，着长衫，端庄静坐，神态若有所思，造型完整洗练，富于量感。另一老者面形清瘦，骨点明显，结构准确，前额宽大，布满皱纹，是智慧和岁月沧桑的印记，二目传神凝视前方，似在巡视又似憧憬；两臂侧向一方，双手紧握在支起的右膝，成三角形支点，与两臂造成虚空间的影像造型，静中有动。大的块面衣纹与细密折叠的衣纹时起时伏，时放时收，形成生动变化的艺术效果。
整体造型采取三角形的构图和对比的表现方法，在安定稳重中求变化。整组作品统一于凝重沉着的色调之中。

吹糖人

◎ 张玉亭　作
◎ 高　13.5cm
◎ 取自民俗题材的三百六十行系列作品之一。

吹糖人者双手拿起陶模，正用力吹起糖泡，手中模具闭合，一件糖人就将做成。吹糖人者扩张鼻翼，紧闭双唇，翘起小口，面部肌肉紧张变化，刻画得活灵活现，入木三分。

代表作：『泥人张』第二代

中国民间泥彩塑集成·泥人张卷

零柒陆

击鼓骂曹

◎ 张玉亭　作

◎ 高　37cm

◎ 该作品取材于传统剧目，其情节、内容节选于《三国演义》第二十三回。剧目亦称《群臣宴》，是谭（鑫培）派的代表作，余叔岩、杨宝森等亦擅演，自成一派。其内容反映汉末群雄四起，诸侯纷争，曹操以权势挟天子以令诸侯，群臣怒不敢言。朝廷希望招安刘表，要带一名贤士前往疏通。孔融曾举荐祢衡委以重任，然而曹操却无视此人，并出言："吾帐下缺一名鼓吏，宴会时早晚击鼓与我听。"次日，祢衡愤怒直上中厅，将鼓击响，头鼓惊天动地，二鼓音悲喜，三鼓哀怨之声似金台，顿时哗然，后因痛责曹操，丧命于黄祖刀下。奇胆祢衡，清名留世。

作品表现祢衡击鼓后，痛骂曹贼，曹操闭口无语，羞愤交加，群臣惊异的精彩情节。

牛郎织女

◎ 张玉亭　作

◎ 高　37cm

◎ 作品取自戏剧《牛郎织女》。此剧为七夕应节戏，王瑶卿曾于清末宫廷内演出。织女着道装，梅兰芳始改古装。1953年，中国戏剧研究院由黄雨秋等人对此剧本重新整理，叶盛章、杜近芳曾演出。剧情内容表现牛郎与织女夫妻相爱，生得一子一女，然而天宫王母百般相阻，召回天孙织女，并划天河一道，只允许二人每年七夕相会。届时，群鹊搭桥，夫妻相会，倾诉离情。作品塑织女，头戴彩冠，身着红袍，双手持木梭，牛郎箭眉、秀目、直鼻、方口，身披绿色蓑衣，内着黑衣、黑裤、束红丝长带。二者形貌相配，服色相补，突出了郎才女貌、男耕女织的爱情主题，又喻意他们后来天上人间各自一方，但始终不渝的爱情力量，感天动地，使得鹊鸟结成鹊桥，促其相会。

代表作：『泥人张』第二代

长生殿

◎ 张玉亭　作
◎ 高　37cm
◎ 《长生殿》是戏剧界的保留剧目，作者是清初文学家、戏曲家洪昇，取材于《长恨歌》与《长恨歌传》，描写唐明皇与杨贵妃间浓情蜜意的爱情故杨贵妃着凤冠霞帔，手持折扇，左右宫女接驾于宫殿之中，明皇着龙袍金冠在太监陪侍下召见贵妃。着装、配饰、形貌、动作均依戏剧程式，而有所取

代表作：『泥人张』第二代

零柒玖

武松省亲

◎ 张玉亭　作

◎ 高　26.5cm

◎ 取材于中国古典文学名著《水浒传》。选择的情节是西门庆与潘金莲串通王婆，毒死武大郎。武松回家探亲，听嫂叙述其兄武大已经过世，遂心生疑，召集邻里及有关人等质对，并查访相关玄机。

作品组合人物，高低疏密富有变化，虚实组构得当，形态坐立有序，将人物视线聚焦于中心人物武松，这既突显了主要人物武松重在忠义亲情和冤案必申的决心，也从众乡邻的表情和疑惑的眼神中，意会到事态的复杂性，烘托了省亲的主题。

七子夺梅

◎ 张玉亭 作
◎ 高 21.2cm
◎ 姿态各异的顽童,从一大孩童手中争夺梅花。作品形象生动可爱,喻子孙兴旺发达的吉祥之意。

代表作:『泥人张』第二代

渔 女

◎ 张玉亭 作
◎ 高 34.5cm
◎ 少女头扎淡蓝头巾，身穿淡粉红色上衣，束丝带，着淡绿色长裙；右手抚颊，左手提一鲤鱼，形态轻盈窈窕，形貌秀美。

老渔翁

◎ 张玉亭　作
◎ 高　27cm
◎ 老渔翁头戴草帽，身穿长衣，腰束围裙，内着长裤，足蹬草鞋，手拿鱼竿，腰挂鱼篓，满面含笑地移步前行。作品刻画了一位虽饱经风霜磨砺，仍然乐观开朗、鹤发童颜的老者。

代表作：『泥人张』第二代

中国民间泥彩塑集成·泥人张卷

哈欠僧

◎ 张玉亭　作
◎ 高　26.5cm
◎ 一宽面厚身、双手后背撑起粗大腰身的僧人正仰面哈欠。塑造手法大刀阔斧，块面结合，作品将大量细节归纳于一身褐色僧衣之中，强化了形态和形象。

零捌肆

挖耳僧

◎ 张玉亭　作
◎ 高　27cm
◎ 作品惟妙惟肖地刻画了一位僧人。他身穿灰色长袍，足蹬橘黄色僧鞋，左手隐于僧袍大袖中，右手伸出小指不停地掏挖右耳，面部肌肉随之提升收缩，而使面容五官发生变化。人物表情富有谐趣，造型概括简洁，色彩单纯明快。

代表作：『泥人张』第二代

「泥人张」第三代

中国民间泥彩塑集成·泥人张卷

张明山肖像

- 张景祜 作
- 高 35cm
- 塑像面容苍劲，目光炯炯有神，戴瓜皮黑帽，身穿暗花深色长衫，动态挺直，胸部稍侧转，双腿交叉翘立而坐。左手自然垂放于右膝，右手持书，似聚精会神地诵读诗章。总体造型比例精确，形象传神，动态舒展，衣纹自然流畅。作品深刻而生动地表现了张明山这位民间艺术家的形神风貌。

李逵拒酒

◎ 张景祜 作

◎ 高 42cm

◎ 取材于中国古典文学名著《水浒传》。情节选择了李逵奉宋江之命下山执行公务，牢记戒酒之令，果断拒酒。李逵面对酒家倒酒，拱双手谢绝。作品将嗜酒如命的李逵，因要务在身，欲饮又罢的矛盾心态和细微的心理变化刻画得入木三分。

代表作：『泥人张』第三代

中国民间泥彩塑集成·泥人张卷

零捌捌

代表作：『泥人张』第三代

惜春作画

◎ 张景祜　作
◎ 高　35.5cm
◎ 取材于中国古典文学名著《红楼梦》。作品以惜春作画的情节为中心，从构图上将人物有序组合。作品卓见功力地表现了宝玉、湘云、黛玉、宝钗、李纨、惜春不同的形象、形态和性格特征。

中国民间泥彩塑集成·泥人张卷

零玖零

霸王别姬

◎ 张景祜　作
◎ 高　35.5cm
◎ 作品取材于传统剧目《霸王别姬》。亦称《九里山》、《楚汉争》、《十面埋伏》。该剧源于《史记·项羽本纪》、《西汉演义》第七十九回至第八十回及明代沈采所著的《千金记》，于1918年由杨小楼与梅兰芳合作，始改今名。1922年第一次演出，为梅派代表作，广为流传。梅派弟子杜近芳、言慧珠、李维康及雷英等均擅演此戏。
《霸王别姬》表现了楚汉相争中，西楚霸王项羽被汉谋臣张良设计，形成四面楚歌的重围之势，一世英豪项羽与爱妃虞姬诀别于乌江。
作品表现了项羽的霸气和气吞山河的英雄本色。

代表作：「泥人张」第三代

风尘三侠

◎ 张景祜 作
◎ 高 43cm
◎ 作品选择虬髯客辞别李靖、红拂的情节。其人物形象刻画细腻、生动有神，造型厚重，衣纹刚劲奔放，富有气势，色彩沉稳协调，达到形、色互映的艺术效果。

代表作：『泥人张』第三代

打焦赞

◎ 张景祜　作
◎ 高　40cm
◎ 取材于传统戏剧故事。婢女杨排风，呈直立平步动势，威风的手势指点着蹲姿、拱手拜服的焦赞。刻画了排风虽小巧但武艺超凡，焦赞虽壮实但武功不敌杨排风的故事情节，通过对比反衬的艺术手法，表现排风的英武忠贞。

扁鹊采药

◎ 张景祜 作
◎ 高 35cm
◎ 作品表现了中国古代著名医家扁鹊。作品中其形象面貌清癯，目光炯炯有神；通管直鼻，双唇紧闭，五缕长髯自然下垂；身穿古铜色长袍，着淡蓝腰裙，束蓝丝带，左手拈须，右手持灵芝，似有所思。一小童肩背锄篓，仰视师祖，二人相依相携收获而归。

代表作：『泥人张』第三代

王羲之爱鹅

◎ 张景祜 作
◎ 高 40cm
◎ 取材于传统民间故事。作品采用直角三角形构图，将人与鹅的关系处理得疏密有序，高低起伏，恰到好处；色彩以蓝色为基调，点绘白色加以统一与协调。人物形象天庭饱满，地阁方圆，喜眉慈目，富于智慧，风趣地表现了书法大家的闲情逸趣。

中国民间泥彩塑集成·泥人张卷

天女散花

- 张景祜 作
- 高 43cm
- 取材于京剧《天女散花》，该剧出自《维摩诘经》故事。维摩诘装病，释迦牟尼信以为真，派文殊菩萨率弟子前往问疾，又派天女前去散花，以祝维摩诘早日康复。一时维摩诘居所降散鲜花为雨，落花缤纷。天女们轻歌曼舞，婀娜多姿，好一派幸福、康瑞、祥和气氛。天女形态轻盈，形象秀美，衣服飘逸，饰带飞动。天女散花，鲜花飞舞飘扬，呈现一幅优美动人的造型，给观者以丰富的联想和美的享受。

代表作:『泥人张』第三代

将相和

◎ 张景祜 作
◎ 高 36.5cm
◎ 取自历史故事。作品中赵国大将廉颇负荆请罪,丞相蔺相如弯腰躬身,伸展双臂以手相扶,廉颇的内疚、蔺相如的宽容,把将相之和的真情实意刻画得淋漓尽致。

中国民间泥彩塑集成·泥人张卷

零玖捌

代表作：『泥人张』第三代

欢迎太平军

- 张景祜 作
- 高 22cm
- 作品取自历史题材。太平军战至天津杨柳青一带，民众纷纷迎出慰问，形成热烈欢悦的场面。作品呈组雕形式，现陈列于国家博物馆。

中国民间泥彩塑集成·泥人张卷

男耕女织

◎ 张景祜 作
◎ 高 37cm
◎ 取自民生题材,表现了一对新婚伉俪,男持锄具,女握织物,以欢快的形象、轻盈的步态和健康的体魄,表达了甜美幸福的田园生活。

壹零零

卓文君

◎ 张景祜　作
◎ 高　36cm
◎ 作品取材于传统剧目《卓文君》。该剧源于《史记·司马相如列传》，荀慧生、尚小云均擅演。后吴祖光又整理改编，更名为《凤求凰》。该剧剧情是：汉时，司马相如访临邛令王吉，王介绍其在临邛富户卓王孙家操琴。才貌双全的卓文君曾许婚窦家，未聘夫亡，成望门新寡。司马相如仰慕文君，借琴音倾诉心曲，二人订盟，文君父不允，文君遂偕相如私奔，返相如家乡当垆卖酒。后相如献《子虚赋》，汉武帝拜为中郎将。《凤求凰》的一段爱情佳话，成为日后情侣们追求情感幸福的榜样。作品表现文君双目含情，面有思容，相携婢女，迅移莲步，赴相如之约的瞬间情节，形象地刻画了文君急切、期待、憧憬的复杂心情。

代表作：『泥人张』第三代

代表作：『泥人张』第三代

选花布

◎ 张景祜　作

◎ 高　41cm

◎ 此作是作者20世纪50年代深入云南西双版纳少数民族地区采风，为傣族地区那日新月异的变化所感动，以此为题材创作的。它反映了边贸经济的繁荣和发展，表现了少数民族人民喜悦的心情和新的幸福生活。

壹零叁

踏雪寻梅

◎ 张景祜　作

◎ 高　30cm

◎ 作品取材于中国古典文学名著《红楼梦》。选择宝琴与丫鬟，手执梅瓶赴妙玉处寻取梅花的情节。作品采用均衡相应式构图，塑二人紧密相依，轻移脚步，慢慢前行。人物形态虽呈纵垂整体之形，但其围巾、衣袖、下摆却强调塑造的动感，使造型从静与动的形态中令人产生无尽的意境联想。在设色上，采用红紫色为主调，同时用黑、白、灰绿、灰蓝等颜色涂饰、点绘型体其他部位及纹饰、图案，使得色彩形成冷暖和点、线、面的对比以及在对比中的丰富变化。其造型舒展，形象优美，色彩厚重，充分地展现了"泥人张"塑、绘巧妙结合的艺术技法和其作品极具诗情画意的审美情趣，给人以静中有动、动中求变的艺术想象空间，具有很好的艺术意蕴性。

黛玉葬花

◎ 张景祜 作
◎ 高 29cm
◎ 作品取材于中国古典文学名著《红楼梦》，表现了林黛玉荷锄掩埋花瓣的情节。作品中黛玉肩扛花锄，一手扶着锄把，一手自然下垂，似乎一面在缓步而行，一面正在寻找飘落的花瓣。人物的动态非常微妙，身体略微前倾，头部微低，肩上的花锄呈"一"字形与身体形成倒三角的构图，增加了人物的动态。设色上素雅清淡，但又富于对比，上衣的深绿色与裙子的深红色形成补色关系，视觉效果既明快又和谐。

代表作：『泥人张』第三代

黛 玉

◎ 张景祜 作
◎ 高 43.5cm
◎ 取材于中国古典文学名著《红楼梦》。作品表现一文静秀丽的少女侧身坐于山石上，身穿淡色长衣、长裙，腰裙配红色图案裆裙，形态单纯，色彩素雅，惟妙惟肖地刻画了黛玉的形貌和性格。

苏武牧羊

◎ 张景祜 作
◎ 高 45cm
◎ 作品取材于传统剧目,亦称《万里缘》。西汉武帝时,匈奴单于逼迫奉命出使的苏武归降,苏武不从,被流放北海牧羊。后新立单于壶衍鞮,欲与汉朝亲善,汉朝要求放回苏武。始元六年,苏武等九人由汉使迎接回朝。该剧源自《汉书·苏武传》、元代周仲彬《苏武持节》杂剧及明人《牧羊记》传奇,后由王瑶卿编写,马连良整理演出,为马派代表剧目之一。冯志孝、张学津等均擅演。作品塑满面沧桑的苏武,回首遥望故里,双手把握龙头节杖紧紧贴靠胸前,朝夕相伴的双羊依偎在主人身旁。苏武处境凄凉孤寂,但其形貌刻画却深刻地表现了苏武持节不屈的坚定信念。后人赞誉其为坚持民族气节的典范。

代表作:『泥人张』第三代

中国民间泥彩塑集成·泥人张卷

壹零捌

代表作：「泥人张」第三代

四郎探母

◎ 张景祜 作
◎ 高 35.5cm
◎ 取材于传统戏剧故事。北宋时期，杨家将为抵抗北方民族的南侵，全力以赴地征战疆场。一次北国契丹王在雁门关金沙滩设重兵与杨家将决战，战阵中杨家损失惨重，其大郎及二、三郎均死于战阵之中，四郎被番邦俘虏，他做好必死准备，但仍时刻准备返回宋营。萧太后看其武功、人品不凡，将18岁女儿铁镜公主许配给他，四郎迫于威胁和多方压力，无奈屈从，但他无一日不挂念母亲和众兄弟姐妹。15年后一日，他终于得知皇帝率领杨家将御驾亲征，他日思夜想的老娘与他仅一关之隔，便求贤德善良的铁镜公主，向萧太后骗得一支令箭，策马出关，直闯宋营，入帐拜见老母。一家团聚，共诉衷肠。令箭归还定为五更之时，过时，铁镜公主将受责难。于是他只能拜别母亲、弟妹，告别愧对的前妻孟氏，无奈地返回塞外。从此四郎延辉留在北国，为各民族的和睦相处做出了自己的贡献。
作品取团聚情节，铁镜公主怀抱小儿阿哥，与驸马四郎延辉嬉戏相视而坐。

中国民间泥彩塑集成·泥人张卷

壹壹零

代表作：『泥人张』第三代

飞云浦

◎ 张景祜　作

◎ 高　35cm

◎ 作品取材于传统剧目《飞云浦》。其剧情内容反映的是中国古典文学名著《水浒传》第二十九回中，有关蒋忠与张团练勾结都监张蒙方，诬陷武松，又将其发配恩州，并密谋于飞云浦杀害武松的情节。此谋被武松识破，将凶徒、解差等恶人一举杀灭。该作品塑武松英气豪壮，差役阴恶狡猾。人物塑造采取对比手法，对于动态、形象、性格的刻画均显现了作者的艺术功力和纯熟的技巧。

飞云浦

◎ 张景祜　作

中国民间泥彩塑集成·泥人张卷

壹壹贰

代表作：『泥人张』第三代

壹壹叁

月下对诗

◎ 张景祜　作

◎ 高　41cm

◎ 作品取材于中国古典文学名著《红楼梦》，细腻地塑造了人物间的关系和人物形象，她们似乎低声细语，互为应答，互伴有声。同时，作品以冷色调的涂绘，营造了月夜的意境氛围，更具诗情画意。

代表作：『泥人张』第三代

贵妃出浴

◎ 张景祜 作
◎ 高 34cm
◎ 作品刻画了杨贵妃俊美的形象、丰满的体态和妩媚的动态，以及在太监陪伴下，出浴慢步回宫的优美形态，显现了造型的人体美。

中国民间泥彩塑集成·泥人张卷

壹壹陆

断桥借伞

◎ 张景祜　作

◎ 高　42cm

◎ 作品取材于昆曲传统剧目《断桥》，亦称《断桥亭》。此剧源于《雷峰塔传奇》和《义妖传》弹词。开始演出多为昆曲，后梅兰芳擅演，现代舞台演出均采用田汉改编的京剧剧本。杜近芳、杨春霞、李炳淑等均善于演出。该剧讲述白素贞与许仙之间的恋情故事。白素贞与小青由蛇变化而成，但对人间真情坚贞不渝，留下了一段段脍炙人口的传说。作品生动地塑造了白娘子和许仙在断桥相遇、一见钟情的心理活动以及反映在形貌上的细微变化。其造型构图紧密，形态优美，性格鲜明，形象传神，人物间互为呼应，互盼有情。其彩绘色调和谐，色彩清雅，纹饰工整，笔法流畅。其开相卓见功力，是以中锋用笔描绘柳叶眉形，使其浓淡有序、宽窄有度，形成渐变的绒毛质感。所绘眼形也传达了两情相悦、以目表意的点睛作用。整件作品含蓄抒情，耐人寻味。

代表作：『泥人张』第三代

「泥人张」第四代

中国民间泥彩塑集成 · 泥人张卷

屈 原

- 张铭 作
- 高 42cm
- 作品表现战国楚人三闾大夫、爱国诗人屈原的形象。屈原的诗文情感真挚、文字优美，具有积极的浪漫主义特征，后人称为楚辞体。屈原因在反对贵族的斗争中遭谗去职，楚襄王时被放逐，投汨罗江。作品中屈原形象端正严谨，面容沧桑，神情悲愤，体现着忧国忧民的情怀。左手长袖垂地，如诗文一般飘逸；右手平端，似针砭时弊。整体造型将屈原的诗人与政治家的身份结合起来，刻画得深入细腻。衣纹处理如行云流水，颇具古风。设色以灰白为主调，使人感受到一种非凡的高雅气质。

黄道婆

◎ 张铭　作
◎ 高　35cm
◎ 黄道婆是中国纺织史上的重要人物。黄道婆，元代人，对纺织技术进行改革，推动了纺织业的发展，成为中国乃至世界纺织史上代表性人物之一，同时也是中国古代妇女勤劳善良的典范。作品刻画了黄道婆手执布匹细细端详的神情，人物直立的动态和衣着与布匹的弧线形成质感与线条的对比，使整件作品气势贯通。作品在整体的静态中体现出流畅的动感，给人深刻的印象。作者采用"泥人张"传统技法，技巧娴熟。人物形象端庄，比例得当，形态自然，设色清淡素雅，是一件较为出色的作品。

代表作：「泥人张」第四代

窃虎符

◎ 张铭 作

◎ 高 43cm

◎ 作品题材取自中国传统历史故事"信陵君窃符救赵",表现如姬窃走魏王调动军队的虎符这一情节。人物造型呈曲线形,体现女性体态之美。作者细致地刻画了如姬窃得虎符,紧张而谨慎地向后回望的神情,十分动人。人物的衣纹走向,将观者的视线引到手中的虎符,点明了作品的题材与情节。用色典雅,与人物身份非常吻合。在塑造手法上师承传统"泥人张"的技巧,是一件形神兼备的佳作。

代表作:『泥人张』第四代

苏东坡

◎ 张铭　作
◎ 高　42cm
◎ 北宋著名文学家、书画家苏东坡，名轼，号东坡居士，为"唐宋八大家"之一，与其父苏洵、其弟苏辙称"三苏"，都是当时著名的文学大家。作品表现苏轼把玩墨砚的生活场景。作者继承了传统"泥人张"彩塑的造型手法，衣纹的转折、疏密与穿插以及道具的精致都体现出作者深厚的造型功力。

壹贰壹

蔡文姬

◎ 张铭　作
◎ 高　35cm
◎ 蔡文姬是东汉文学家蔡邕之女，有《胡笳十八拍》传世。作品表现蔡文姬伏几读书，一手执竹简，一手置于下颌，正全神贯注的神态。从人物的服饰看出是秋冬时节，使观者联想到蔡文姬被掳漠北多年。手法上继承"泥人张"传统，造型严谨，设色沉着，纹饰得当，是一件成功之作。

代表作：『泥人张』第四代

木 匠

◎ 张钺 作
◎ 高 42cm
◎ "泥人张"作品中有一类表现的是社会上各行各业的从业者，不少作者做过类似"三百六十行"的作品。作品中木匠正在调节木工工具——刨子，旁边是他正在制作的木匠活。木匠一眼睁，一眼闭，非常生活化，具有浓郁的生活气息。人物塑造写实，道具配景使得整个场景颇具情趣，是当代"泥人张"现实主义作品的上乘之作。

石头记

◎ 张钺 作
◎ 高 20cm
◎ 作品题材来自《石头记》第一回:"俄见一僧一道,远远而来,生得骨格不凡,丰神迥异,说说笑笑来至峰下,坐于石边高谈……大石登时变成一块鲜明莹洁的美玉,且又缩成扇坠大小的可佩可拿,那僧托于掌上"。塑者选用这样一个场景,可见对《石头记》(亦即《红楼梦》)感悟颇深。作品构图奇特,一僧一道盘坐石间。从塑造上看,人物的上半部刻画得十分精确,那僧手托扇坠,好像在说:"形体倒也是个灵物了!"袈裟刀痕如新,好似一块石头,又宛如几笔浓墨写意。塑者这样处理是有意强调上半部。那道人双手握膝,骨格不凡,衣袖飘动。整个作品给人一种如梦如幻之感。

李 逵

◎ 张钺　作
◎ 高　25cm
◎ 作品取材于中国古典文学名著《水浒传》。李逵是梁山好汉中个性极其鲜明的一员，嫉恶如仇，性鲁莽，重义气，在民间有许多关于他的故事，是广受群众喜爱的人物。作品借鉴了戏剧中舞台亮相的动态。人物绘脸谱，挂髯口，着厚底戏靴，整体造型突出"黑旋风"的神采。作者的艺术手法自然流畅，开阖有致，以少胜多，使得整个作品显得非常大气。

代表作：『泥人张』第四代

文姬归汉

◎ 张锠、王志祥、沈吉 作
◎ 高 35cm
◎ 这组作品是表现东汉末年著名文学家蔡邕之女蔡文姬流落北疆多年之后归返中原的情景。其作品场面宏大，人物众多，同时还有马匹、骆驼、车舆等道具，结构成队列式的彩塑组雕形式。作品借鉴戏剧表现手法，置于布景之中，情景交融。在整体形式上注重形象的连贯性，彼此呼应，并将视觉中心集中于蔡文姬乘坐的车舆上。彩塑组雕采取单件制作，整体组合，组合方式上可有种种变化，产生多样的视觉效果。

读

◎ 张锠 作
◎ 高 15cm
◎ 作品以装饰手法塑造两个在牧羊之余好学读书的侗族少女。人物身着民族服装，肩背竹篓，以夸张手法将两只斗角的羊羔置于竹篓之上，平添了许多生活意趣。人物的形象简洁，以归纳手法进行图案化处理。相背而坐的人物与相对戏耍的羊羔，归纳于均齐对称的构图之中，使得动、静的矛盾突出，更加反衬了"读"得专注这一主题。

人勤鱼丰

◎ 张锠 作
◎ 高 15cm
◎ 这件作品是反映少数民族题材系列作品之一。鄂伦春族是我国东北的一个以渔猎为主要生活方式的少数民族。作品表现了一名鄂伦春少年欢庆渔业丰收的场面。少年手提两条大鱼的鱼尾，鱼身构成了一个圆形型体。作品以夸张手法与适形的造型方式对形象进行处理，形成鲜明的装饰性风格。人物面部上，吸取了民间彩塑、剪纸和年画的造型手法，形成简洁概括的效果；在色彩和纹饰处理上，采用平面构成技法，将传统彩塑与现代视觉设计理念相结合，产生了新的艺术形式。

白族之歌

◎ 张锠 作
◎ 高 15cm
◎ 这件作品是反映少数民族题材的系列作品之一。作品表现一名身着传统民族服饰的白族少女喂养白鹤的祥和场面，传递出人与自然界和谐共存的温馨。作品采用均衡对称的十字形构图，在色彩处理上大面积采用泥本色，只以黑、白、红三色小面积描绘，着色笔触流畅自然，活泼率真，平添了几分乡土韵味。

代表作：『泥人张』第四代

中国民间泥彩塑集成·泥人张卷

壹贰捌

晴雯补裘

◎ 张锠 作
◎ 高 25cm
◎ 作品取材于古典文学名著《红楼梦》。晴雯侧坐于床榻之上，虽已抱病在身，但仍飞针走线，艰难地为宝玉修补着孔雀裘衣。宝玉身体微微前倾，关爱地为晴雯披上御寒长衣。主仆二人这一相知相助的真挚友情和宝玉善良之心，都通过结构于三角形构图中的人物，那细微的动态、动势以及二者对视的神态，充分地表现出来，同时引发了观者在审美欣赏中的思考。另作品采用稳重的色调，并点绘色线及孔雀羽毛图案，既创造了色彩的线面、繁简、冷暖对比，彰显了丰富与丰满，又烘托了补裘这一主题氛围，使得作品主题十分突出。

白蛇传

◎ 张锠 作
◎ 高 40cm
◎ 作品取材于传统民间故事《白蛇传》，讲述了白素贞与许仙之间的恋情故事。白素贞与小青是蛇妖变化，但对人间真情坚贞不渝，留下了一段脍炙人口的传说。作品表现小青怒斥许仙薄情，欲杀许仙，而白娘子却处处维护自己的丈夫。从这件作品可以看出作者尝试将装饰性风格引入作品之中，其人物动作和衣纹处理趋于概括，开始由写实性向装饰性过渡。不难看出，这是作者对于形式美法则的探索之作，正是这种风格的转化使作品产生新的视觉效果。

代表作：『泥人张』第四代

飞 天

◎ 张锠 作
◎ 高 15cm
◎ 这一作品表现手持琵琶、凌空翱翔的飞天形象。飞天原是印度神话中天歌神乾闼婆与天乐神紧那罗的复合体。作者将飞天这一经典形象栩栩再现，既吸收了飞天的造型特点，又融入洗练单纯的装饰手法，使作品具有现代审美情趣。

代表作：『泥人张』第四代

生死牌

◎ 张锠 作
◎ 高 35cm
◎ 作品取材于新编古装戏《生死牌》。该剧亦称《三女抢牌》。故事发生在明代，衡阳贺总兵之子欲抢少女王玉为妾，却不慎落水身亡。贺总兵威胁知县黄伯贤将王玉问斩。知县得知王玉冤屈，又得知她是恩人之女，决定私放王玉。黄伯贤的女儿秀兰和义女秋萍愿舍身代死，王玉不肯连累无辜，争执之下，决定在黑暗中设"生死牌"。结果秀兰摸得死牌，代其赴死。最终海瑞私访到此，查办冤案，惩办贺总兵，释放秀兰，人心大快。作品以椭圆形的适形构图，将三个人物进行有意味的组合，形成实空间与虚空间的节奏变化，并为强化动势的力度与情节的深度，省略某些细节，使衣着、衣纹趋于平面化。裙褶采用阴刻线形手法，增强线的流畅性，使其单纯并富于装饰性。整体色彩归纳于青紫色系，浑然一体。这一探索性地将概括了的塑型与单纯冷色系的绘色有机结合而成的彩塑造型，创造了意蕴无尽的想象空间。

二玉寻梅

◎ 张锠 作
◎ 高 41cm
◎ 作品取材于中国古典文学名著《红楼梦》，表现了宝玉和黛玉二人共同寻梅、赏梅的情景。作品在继承传统"泥人张"的造型技法的基础上，尝试以装饰性的手法表现情节，塑宝玉和黛玉二人在形态上一直一曲，一高一低，具有很强的形式感。在设色上也倾向于民间色彩的鲜艳明快，并合理地使用黑、白颜色，塗绘于型体间，使得实、虚间分割得当，色彩描绘中的补色、冷暖和色面大小均处理得变化中求统一，协调中求丰富。另外作品还采用浮雕方法塑造梅花、枝、干，与立体人物错落有致地浑然一体，构成虚、实并存的造型整体。这既形成塑型的肌理、质理对比，又凸显色彩点、线、面的变化，从而增加了作品自然、生动的艺术表现力。

代表作:『泥人张』第四代

大将风情

◎ 张锠 作
◎ 高 18cm
◎ 作品取材于京津地区的民间神话人物——兔爷的形象。兔爷是农历八月十五的时令彩塑泥玩。民间传说，在天上的月宫中住有嫦娥和为王母娘娘捣制长生不老仙药的玉兔，于是人们就将祛病长寿的意愿，寄托在制药的玉兔身上，百姓便尊称这位善良的玉兔为"兔爷"。作品采用拟人化的方法，塑玉兔身穿铠甲，站立在虎前，威风凛凛，尽显大将英姿。另外，传统概念中善良弱小的兔子披盔戴甲，靠倚在凶猛的老虎身上，本身就构成了一种视觉上的悖论，富于情趣。造型和设色都汲取了传统民间艺术的营养，极具装饰性。

沙漠之舟

◎ 张锠 作

◎ 高 18cm

◎ 作品以装饰性手法，将动物与人物进行单纯化地塑造，并彩绘以暖褐色为主体色调的颜色，同时点饰黑、白、淡黄等色面及装饰图形，在点、线、面交错组合中，求得色彩的丰富变化，显现了色彩描绘中的笔意、笔触与笔趣。

精卫填海

◎ 张锠 作

◎ 高 18cm

◎ 作品取材自中国民间神话传说故事。相传，精卫是炎帝最疼爱的小女儿，一日因在海边玩耍不幸溺水身亡。精卫的魂魄化而为鸟，日日夜夜衔石填海，日复一日，年复一年，大海竟然被填去了一大片，连上天也为之感动。作品正表现了这一情节，其构图采用适形造型形式，将人物组合于椭圆形的限定空间之中，色彩以冷蓝色为主调，并用黑、白、淡蓝等颜色点绘纹饰图案，开相、描眉、分割相关型体，使得造型既单纯又丰富，色彩既鲜明又淡雅。

青山绿水畔

◎ 张锠 作
◎ 高 20cm
◎ 作品表现了一个花季少女与四只仙鹤嬉戏的场景。装饰性的手法使得整个场景和谐自然。作品高度概括，形式感强，产生了强烈的现代感。色彩上以冷色调为主，同时吸取了民间色彩强烈艳丽的特点，富于视觉冲击力。四只鹤的处理也有疏有密，高低错落，形成了独特的视觉效果。

代表作：『泥人张』第四代

嫦娥奔月

◎ 张锠 作
◎ 高 17.5cm
◎ 作品取材于中国传统民间故事，表现后羿之妻嫦娥偷吃了仙药之后飞向月宫的情景。后来人们常常将嫦娥视为月宫的代名词。作品中的嫦娥为横向构图，背景是一轮弯月，似正飘飞进月宫。塑造上以装饰性的造型方法为主，强调形式感，同时吸收了中国传统飞天的艺术形式，共同构建了一个富于意境的表现形态。色彩以冷色为主，同时涂绘冷蓝的渐变色彩，传达了一种凄清的视觉感受，寓示了嫦娥的命运。

泼水节

◎ 张锠 作
◎ 高 9cm
◎ 作品以装饰性的手法，表现傣家欢度泼水节的喜庆场景。其塑造汲取民间彩塑泥玩的造型特点，融入平面构成的形式语言，对人物进行归纳、概括，组合成横向式的移形排列构图，又于细微处见变化，表现了全新的视觉空间。其人物的均衡排列与图案化处理，如同乐谱上的一串音符，美妙生动。其色彩和纹饰的组合，将塑与绘统为一体，充分地表现了欢乐、热烈、祥和、幸福的节日氛围。

代表作：「泥人张」第四代

苗山寨

◎ 张锠 作
◎ 高 13.5cm
◎ 作品表现了我国西南少数民族——苗族的一名少女的形象。造型上以均齐式的对称造型为主，同时加以概括和夸张，将少女与山间的飞鸟进行组合，颇具意味。构图上呈金字塔形构图，其造型底面采用弧线处理，稳重中带有活泼。色彩上采用概括的手法，具有强烈的装饰性。

代表作：『泥人张』第四代

蒙族少女

◎ 张铟 作
◎ 高 15cm
◎ 作者从中国传统民间文化中汲取了有益的营养，同时将现代审美意识与传统的"泥人张"彩塑技艺相融合，创作出一系列手法新颖的装饰性彩塑作品。其中的代表作即是以反映56个少数民族为题材的系列作品。《蒙族少女》即是这系列作品中的一件。作品表现一个蒙族少女驯鹿的场景。少女身着蒙族传统服装，胸前佩戴红领巾，两头小鹿依偎在她的身旁，亲切而自然。作品采用均齐对称的形式，具有浓郁的装饰性风格。在均齐式的对称中通过少女手执的长鞭、头巾等物，求得对称中的变化，使作品不显呆板。色彩以暖色为主调，同时保留泥塑坯土本色，使其既成为作品色彩中的有机组成部分，又平添几许泥趣。整件作品造型简洁，色彩单纯，充溢着乡土的真情、真趣。

中国民间泥彩塑集成·泥人张卷

景颇山花

◎ 张锠 作
◎ 高 20cm
◎ 作品取材于中国西南少数民族——景颇族，塑一只飞的鸟儿承托起一位景颇族孩，颇具想象力和夸张味。构图上采用三角形的形造型，将人与鸟紧密地合，为增加腾飞的轻盈感收缩鸟的翅膀呈尖角形，与人的翘立双手形成呼应连线以造成飞翔的视觉果。其造型强调对称性和饰性，色彩上以黑、红、为主色，构成沉稳古朴的美意趣。

草原之春

◎ 张锠 作
◎ 高 17.5cm
◎ 作品取材于我国北方少数民族——哈萨克族的一名女孩形象，以浪漫的夸张手法塑造了一名手持装饰物，端坐在羊背上的牧羊女孩。作品吸取了装饰美的形式语言，将羊与人进行巧妙的结合，并运用暖色及黑、白中间色彩进行描绘，并吸收老北京民间传统刀马人的艺术技巧，添加金属丝连接主体，结成纤细的动物腿形之外的空间形体，与羊的实体型体，组成实、虚空间，具有通透的形式感，形成极富装饰情趣的立体造型。

代表作：『泥人张』第四代

中国民间泥彩塑集成·泥人张卷

钟　馗

◎ 张锠　作
◎ 高　31cm
◎ 作品取材于中国传统的戏曲题材。相传钟馗可以驱鬼降妖，保佑平安，人们都将其视为镇宅避邪的象征。作品表现的是钟馗诙谐随和的一面，他手执纸扇，半掩其面，颇具情趣。造型上夸张生动，打破了人们在传统概念上对于钟馗的固定印象。

子鼠大吉

◎ 张锠 作
◎ 高 18.5cm
◎ 作品为生肖系列之一。取材于中国传统民间文化的十二生肖，采用均齐式构图，浪漫地将鼠形进行夸张，扩大其尺度，与人物紧密结合，同时着以灰色点饰图案。人物涂绘黑色，描绘纹饰及图形，使其与鼠形构成黑白灰的色面效果。另外，作品有意将黑色的双鼠尾部向中心收缩，如此一举，使均齐对称的造型平添了几分活泼。同时在双鼠背部以莲花、石榴组成的圆适形图案，也增添了吉祥、吉庆的内涵。

丑牛祥瑞

◎ 张锠 作
◎ 高 18.5cm
◎ 作品取材于中国传统民间文化中的十二生肖，以人与生肖结合的形式，通过均齐式的构图将人与动物组构于三角形的限定空间中，其造型富于装饰性，在设色上采用几何化的构成手法进行图案装饰，形成了个性明显、颇具魅力的艺术特色。

代表作：『泥人张』第四代

中国民间泥彩塑集成·泥人张卷

壹肆肆

卯兔祥和

◎ 张锠 作
◎ 高 18.5cm
◎ 作品取材于中国传统民间文化中的十二生肖,以人与生肖结合的形式,通过均齐式的构图塑一位傈僳族女孩紧密地与双兔结成三角形的立体造型。这一形态虽然呈中线对称式的庄重与稳定,但是其双兔的耳部却被塑造成尖挺、轻巧之形,这一巧妙之举让曾显呆板的形态产生了活泼与灵动的视象效果。思其所然,当因巧思妙用零件(小部件)讲话(作用)的结果,即不能忽略小部件在造型中的作用。另外,其色彩是在有意识地留有泥土本色的同时采用黑、白、红颜色进行描绘,当经过三分塑型、七分彩绘的工艺制作后,使得彩塑作品在塑与绘的和谐统一中,既呈现出人物与生肖动物相映生辉的和谐氛围,又表现了生动与传神的个性风采。

寅虎吉庆

◎ 张锠 作
◎ 高 18.5cm
◎ 作品取材于中国传统民间文化中的十二生肖,以人与生肖结合的形式,通过均衡相应式的构图塑一位裕固族女孩扶膝端坐在虎背上,目视前方,似在眺望,憧憬着虎年的吉景新望。
作品造型饱满,色彩清新悦目。它以白为主色调,点绘红、黄、黑色线及纹饰图形,并以简洁、自然的笔法描绘虎的形象,使其虽立目、大口,却风趣可爱,尽显童真的生气。尤其在其型体上以非常流畅的笔法,用红色绘制的具有色彩退晕效果的装饰牡丹,以及用黄色描绘虎纹饰的寥寥数笔,都生动地表现了其吉祥文化的内涵及富于视觉张力的虎虎生气。

代表作:『泥人张』第四代

辰龙集瑞

◎ 张锠 作
◎ 高 15.5cm
◎ 作品取材于中国传统民间文化中的十二生肖，以人与生肖结合的形式，通过均衡相应式的构图塑一位拉祜族女孩，双手放于胸前，直面前方，静静地坐在龙体之上。在其身后贴塑一轮明日，使明日、人物与生肖龙紧密结合，浑然一体。其造型虽然整体，但通过运用黑、红、白三色进行几何形的构成以及疏密聚散的组合布局，曲直方圆的精心处理，点、线、面的合理描绘，使其型体形象呈现了生动与活泼的动感。另外由色彩渐变的红日、身着拉祜族服装的儿童与飞动飘逸的生肖辰龙共同组构结形成为动静相承、循序相因、宾主呼应又实虚有序的造型形式，具有强烈的现代审美意味。

巳蛇呈祥

◎ 张锠 作
◎ 高 22cm
◎ 作品取材于中国传统民间文化中的十二生肖，以纳西族女孩与生肖结合的形式，通过均齐式的构图方法，创造了造型概括夸张、色彩稳重和谐的彩塑立体造型。生肖蛇的纹饰采用四季花卉，寓意着四季平安，同时在手法上以几何化的图案方式进行表现，其图形勾勒简约，笔法工整流畅，运笔收放自如，充分显现了笔意与笔趣，很好地传达了生肖文化的意蕴内涵。

代表作：『泥人张』第四代

午马长春

◎ 张锠 作

◎ 高 24.5cm

◎ 作品取材于中国传统民间文化中的十二生肖，以人与生肖结合的形式，通过均齐式构图，塑一名京族女孩端坐在马背上。其形与马呈中线对称的纵垂直角形，显现均齐与均衡，采用木马形态的塑形底部，缓缓向两侧翘起，形成弧形尖角。此尖形的指向性与夸张变化的马鬃形成呼应的连线，产生动的意向，使得造型轻巧并富于动感，增加了作品的趣味性。其色彩不仅采用白为主色，还以黑、红色彩进行描绘点饰，造成补色对比的明亮色相，同时与有意向地保留的泥土本色融合构成既单纯统一，又具丰富变化，并充溢着童真之趣的彩塑艺术形态。

未羊安吉

◎ 张锠 作

◎ 高 26.8cm

◎ 作品取材于中国传统民间文化中的十二生肖，以人与生肖结合的形式，通过均齐式的构图将一位苗族女孩与双羊组构于圆适形空间之中。作品以浪漫的夸张手法，变化羊的形体，使其与女孩自然结形构成既富于空间变化、又具有形式之美的装饰造型。其色彩采用黑为底色，以渐变蓝色描画有着节奏与韵律感的纹饰图形，其彩饰笔法流畅，勾画时，轻、重、长、短、疏、密、弯、转、抑、扬、顿、挫技法熟练，淋漓尽致地表现了装饰美与时代感。

代表作：『泥人张』第四代

申猴吉寿

◎ 张锠 作

◎ 高 22cm

◎ 作品取材于中国传统民间文化中的十二生肖，以人与生肖结合的形式，通过均齐式的构图，将彝族女孩与生肖猴组构于桃形的适合空间之中，以此意喻吉祥长寿的美好意愿。其造型饱满完整，色彩清新明快。其整体几何化的外形与纹饰形象地表现了装饰化的意象之美。

酉鸡丰康

◎ 张锠 作
◎ 高 22cm
◎ 作品取材于中国传统民间文化中的十二生肖，以人与生肖结合的形式，通过均齐式的构图塑一位维吾尔族女孩与生肖鸡自然组构于圆适形空间之中。其造型饱满夸张，用两只左右对称的雄鸡构成一个虚形空间，几何化的造型方式具有强烈的形式感，同时吸收了民间泥塑的造型手法，色彩以黑红为主，在设色上豪放大气，以意象手法表现了强烈的视觉效果。

戌狗福贵

◎ 张锠 作
◎ 高 18cm
◎ 作品取材于中国传统民间文化中的十二生肖，以人与生肖结合的形式，通过适形造型的构图，既生动地将德昂族女孩与动物有机地结合，又采用浪漫的表现方法，将纳吉祈福的意愿、意趣赋予塑情绘意之中，使得彩塑造型经过精心塑造与描绘，具有强烈的民间意味和民族意识。色彩上不拘泥于物象的客观色彩，而是采用了意象的装饰性色彩，显得别具匠心，意味深长。

代表作：「泥人张」第四代

亥猪丰瑞

◎ 张锠 作
◎ 高 18cm
◎ 作品取材于中国传统民间文化中的十二生肖，以佤族女孩与生肖结合构成作品的造型形态，这是作者十二生肖系列作品之一。作品采用均衡式的构图手法，造型上强调物象的特征，以概括夸张的手法表现出装饰化的意象形式。在设色上以几何化的构成方法进行图案装饰，充分体现了当代设计手法与传统民间技艺的结合。

孔雀之乡

◎ 张锠 作
◎ 高 21cm
◎ 作品以傣族少女和傣族的吉祥之鸟——孔雀为题材。在构图上强调作品的形式感，以几何化和平面化的手法对物象进行变化和夸张，在设色上不依循自然，而是以归纳提炼的方法将色彩进行图案化的处理，整体造型表现了意象化的装饰之美。

代表作：「泥人张」第四代

中国民间泥彩塑集成·泥人张卷

阿 福

◎ 张锠 作
◎ 高 10cm
◎ 《阿福》是作者为1992年"中国友好观光年"设计、创作的吉祥物。
　《阿福》取自民间"阿福"题材，在造型上采用适形造型的构图格式。外形是圆的适形，以取团圆、圆满、饱满之意；在图案的组织上利用限定空间的二分之一处描绘了幼童的可爱形象，并配以福、寿、莲、鱼的吉祥图案及飞鸽、长城等特定图形；同时运用形式因素和形式法则进行组织与构造，使图案的形象与形态统一在造型中，寓意着幸福、吉庆与祥和。

盼

◎ 张锠 作
◎ 高 9.5cm
◎ 作品取材于生活，采取移形排列的构图，塑高山族儿童，序列化地弹奏着《盼》的和声，悠扬的琴声倾诉着对远方亲人的期盼、思念之情。造型上采取单体重复的装饰造型手法，形成了独特的节奏和韵律感，设色上以黑白补色为主，点饰描绘红、绿色线及色面，造成统一中的变化，变化中的丰富。整个造型呈现出装饰化的意象特点。

代表作：『泥人张』第四代

「泥人张」第五代

中国民间泥彩塑集成·泥人张卷

麻姑献寿

◎ 张宏英　作
◎ 高　45cm
◎ 作品取材于中国传统的民间传说，相传麻姑给王母祝寿，献上仙桃，食后长生不老。于是，桃子与麻姑成了长寿的象征。作品以传统手法塑造少女的形象，将麻姑表现为人而非神，含羞的表情与婀娜的体态，使人倍感亲切。人物塑造上充分表现出女性柔美的身姿。衣着与纹饰的设色深入，绘画一丝不苟。其坚实的功底、精湛的技艺，使人折服。

代表作：『泥人张』第五代

舞　者

◎ 张宏英　作

◎ 高　32cm

◎ 作品将一位傣族少女的青春活力与婀娜身姿充分地表现出来，让观者萦绕在舞蹈的律动之中，给人以唯美的视觉感受。作者手法娴熟简洁，人物动作自然而优美，与衣裙的质感、流畅贴身的衣纹融为一体。作品用色简洁，舞者裙摆以退晕渐变的设色方法，丰富了造型的韵律感，舞姿与形体的结合，又增强了造型的生动性。

壹伍柒

丝路花雨

- 张宏英 作
- 高 30cm
- 作品取材于同名大型舞蹈,其原型来自敦煌壁画。一名古装少女单足而立,反弹琵琶,弥散着浓浓的盛唐风情。人物造型奇巧,以泥塑表现舞蹈动作,本身就颇具难度,而作者不仅克服了材料本身的局限性,更进一步惟妙惟肖地成功诠释了这一作品的内涵,是一件不可多得的佳作。

拷 红

- 张宏英 作
- 高 23cm
- 作品取材于中国古典文学名著《西厢记》。书生张生与相国千金崔莺莺相爱,相国夫人不许,丫环红娘为二人牵线传书,成全二人。老夫人知晓,拷问红娘。此作品正是表现这一段情节。作品中二人一跪一坐,老夫人身体后仰,红娘身体前倾,构成了相互呼应的构图,而在动作设计上,一动一静,形成了鲜明的对比。

持荷玉女

◎ 张泽珣　作
◎ 高　33cm
◎ 古诗云："金童擎紫药，玉女献青莲。"按道教的传说，凡是神仙所在之处，都有许多得道的童男童女来侍候他们，男称金童，女谓玉女(《文选·张衡〈思玄赋〉》："载太华之玉女兮，"晋王嘉《拾遗记》卷十："洞庭山浮于水上，其下有金堂数百间，玉女居之，"《神异经·中荒经》中说："九府金童玉女，与天地同休息。")。玉女本来是仙女的统称，后来，仙人的侍女也叫玉女。《汉武帝内传》曾经描写：汉武帝在承华殿闲居时，忽见一青衣女子出现在面前，武帝非常惊奇，忙问她是谁。青衣女子答道："我墉宫玉女王子登也，向为王母所使。"原来是王母娘娘的侍女来传递消息的。作品塑造了一名手执荷花花苞的少女形象，人物面部略带稚气，动作端庄沉稳，非常符合人物的身份特征。

代表作：『泥人张』第五代

壹伍玖

卓文君

◎ 张宏岳　作
◎ 高　26.5cm
◎ 作品表现了中国古代历史人物卓文君的形象。卓文君爱慕司马相如的才情，抛弃了富家小姐的锦衣玉食，与司马相如当垆卖酒，恩爱有加。作品塑卓文君携琴侧向而坐，面带羞怯，动态自然放松，形象恬静安然，似有所思，入神入境。其手法上继承了"泥人张"传统的彩塑技艺，较好地处理了人物的型体与色彩关系，是一件内在含蓄的艺术佳作。

大宅门

◎ 张宏艺 作

◎ 高 45cm

◎ 作品表现了清末民国初期封建大家庭的生活场景。一个矮胖的老太太正襟端坐，一旁是两个丫环捧茶立于身后，从其形态中，似乎能感受到大宅门内的压抑气氛。作品吸取了民间彩塑的造型手法，将造型进行适度夸张，加强了老太太和丫环的对比，以此揭示了封建宅门那不平等的等级价值观。另作品在继承传统"泥人张"技艺基础上又进行了塑型与绘色中的新尝试。

代表作：『泥人张』第五代

啰怙罗尊者

◎ 张泽楠 作

◎ 高 33cm

◎ 啰怙罗尊者，意"执月"，是佛陀在俗时所生的唯一儿子，为佛十大弟子之一，"不毁禁戒诵读不懈"密行第一，与一千一百阿罗汉分住于毕利扬瞿洲，十八罗汉之一。罗汉是梵文Arhat音译阿罗汉。据唐高僧玄奘译《法住记》，释迦牟尼曾令十六大阿罗汉常住人世，济度众生。后又增降龙、伏虎二罗汉，成为十八罗汉。

这件作品在塑造上用线、面结合的方法展示人物的大气魄。作品着重刻画人物的面部，仰首长啸，有上冲宇宙之气势。在绘色上施以单色，并以随类赋彩之法展示人物的性格及文化内涵。

代表作：『泥人张』第五代

岁月留痕

◎ 张宏岳　作
◎ 高　41.5cm
◎ 作品表现了一位得道高僧垂目静观的形态。造型上师法传统，恬淡自然，人物轮廓呈弯曲之形，有飘逸之感。在设色上以素雅古朴的色调为主，装饰、点绘暖色纹样，以传达其厚重的历史感及表现人物的身份性格。从其作品中可见作者造型功力和技艺水平。

「泥人张」弟子

中国民间泥彩塑集成·泥人张卷

白蛇传

- 郑于鹤 作
- 高 15cm
- 作品取材于传统民间故事《白蛇传》，表现的是白素贞劝阻小青不要难为许仙的场景。作者以团块化和简约化的造型手法塑造了两个童稚般的人物形象。大部分型体以绘代塑；着色上进行大胆尝试，运笔豪放，点挑撇捺，落笔成形，产生率真质朴的视觉印象。人物面部表情寥寥几笔，将小青的义愤震怒和白娘子的宽容怜爱勾画了出来，显示了作者的智慧与才情。

林 冲

◎ 郑于鹤 作
◎ 高 15cm
◎ 作品取材于中国古典文学名著《水浒传》,选取了其中火烧草料场的故事。讲的是林冲遭太尉高俅陷害,被发配充军,看守草料场。高俅派人火烧草料场,意欲加害林冲,林冲杀掉放火之人,奔赴梁山。作品表现林冲雪夜返回草料场的情景。林冲一袭黑衣,肩挑长枪,枪上绑着盛酒的葫芦,在落寞中显出对于命运的不平和无奈。这件作品吸取民间彩塑泥玩的造型特征,整体简练概括,只在重点处着力塑造与刻画。人物的面部表情部分作为塑造重点,显示出林冲的英武之气,其他部分相对弱化,形成了概括简洁的风格。

代表作:「泥人张」弟子

读西厢

◎ 郑于鹤 作
◎ 高 38cm
◎ 作品取材于中国古典文学名著《红楼梦》。作者着重塑造了贾宝玉偷读《西厢记》被林黛玉发现，宝玉将书递给黛玉，黛玉羞怯不敢接书的动作情节。作品对人物的内心活动与神态刻画得细腻而深刻。色彩以大面积平涂为主，宝玉一身深红，黛玉一袭素白，映衬了人物的身世和性格。衣饰上的纹理做深入描绘，刻画的细节又使得衣饰整体和谐而不单调。

穆桂英挂帅

◎ 郑于鹤　作

◎ 高　15cm

◎ 作品取材于新编古装戏《穆桂英挂帅》。该剧为梅兰芳、陆静岩、袁韵宜改编自同名豫剧，1959年首演于北京，是梅兰芳先生晚年代表作，其子梅葆玖常常演出。

作品以此为题材表现北宋巾帼英雄穆桂英抗击金兵，挂帅出征的场景。作品造型质朴，有陶俑风，以泥胎为底，仅以白色描绘衣着纹饰，手法轻松简洁。构图上以女兵环围主要人物穆桂英构成视觉中心。其造型强化疏密对比，简繁对比，主次人物对比，以此彰显主体人物的个性风采，无疑，这是作者对形式美别具一格的探索之作。

代表作：「泥人张」弟子

阿 福

◎ 郑于鹤 作

◎ 高 17cm

◎ 作品取材于民间传说。以此为题材的作品纷繁多样，但这件作品在前人的基础上进行了大胆的突破，运用夸张的造型方法和泼彩式的着色方法塑造了一个酣畅淋漓的阿福形象。

代表作:『泥人张』弟子

采鼓声声

◎ 郑于鹤 作
◎ 高 30cm
◎ 作品表现了一名少数民族少女的形象。少女身着素装，头戴银饰，正羞怯地抚面而笑。作品手法概括，整体感强，着力表现了少女的面部表情，具有以少胜多的特点，含蓄而内在，有着很好的视觉效果。

中国民间泥彩塑集成·泥人张卷

帆

- 沈吉 作
- 高 21cm
- 作品表现了一名正在翘首期盼家人回归的渔家女形象。渔家女身前的渔网和斗笠很好地说明了人物的身份。人物的面部刻画极为生动，将海边劳动妇女的面部特征充分展现出来。作品采用均衡式的构图，将少女期盼的姿态表达得恰到好处，用色简练概括，造型生动准确，给人以形式美的享受和意蕴无尽的意境联想。

壹柒零

灌溉之歌

- 沈吉 作
- 高 30cm
- 作品以写实的手法表现了我国草原的一名蒙族少女的形象，塑其辛勤劳动的间隙。她一手执马鞭，一手提木桶，汩汩的河水正从灌溉机械中喷涌而出，让观者感受到她憧憬、期盼丰收的喜悦。作品造型生动，构图稳健，色彩方面采用高度归纳的手法，将人物形象刻画得栩栩如生，表现了作者善于观察生活、捕捉典型瞬间的创作能力。

代表作：「泥人张」弟子

福娃有余

◎ 李邦秀　作
◎ 高　15cm
◎ 作品取材于中国民间美术题材。在民间的传统观念中，鱼是富裕、美好、吉祥的象征。作品将这一主题通过彩塑的手法重新演绎，采用三角形构图，生动地塑造了一个憨态可掬的胖娃娃。他手抱出水的红色鲤鱼，喜悦欢愉。作品造型严谨又不失生动，吸取了民间姊妹艺术的营养，以饱满的造型和简洁的色彩，表达了对美好生活、财富充盈的期盼和祝愿。

吴琼花

◎ 沈吉　作
◎ 高　34cm
◎ 作品取材于现代芭蕾舞《红色娘子军》，主人公吴琼花由一名苦大仇深的地主家丫头，成长为红色娘子军的代表人物，并率领娘子军铲除了以南霸天为首的反动势力。此作品以写实手法表现了吴琼花在地主家当丫头时虽然身处水深火热之中，仍然不屈不挠，向命运抗争，表现出新中国成立前下层劳动人民的反抗意识。作品手法严谨，富于感染力。

寿 星

- 杨志忠 作
- 高 30cm
- 作品以传统手法表现了中国古代神话人物——寿星。寿星一手拄杖，一手捧寿桃，长髯垂胸，大袖飘逸，一派仙风道骨之势。人物造型夸张，形象和蔼可亲，整个造型静中寓动，特别是衣纹的塑造动感非常强烈，从中传递着一种特定的审美追求，使观者透过有限的形态，体验无限的情感回味。

代表作：『泥人张』弟子

五鬼闹判

◎ 杨志忠 作

◎ 高 22cm

◎ 作品取材于中国传统神话故事人物——钟馗。传说中钟馗能够捉鬼降妖，保佑平安。作品选择了五名小鬼殷勤地服侍钟馗的情节，醉酒的钟馗酣然大睡，五个小鬼有的抱酒坛，有的搀扶钟馗的胳膊，有的紧托钟馗的腿，众鬼魅形象各异，动态各样，但却紧密结合，有机组合，构成团块化的造型，生动而有意味。

李逵探母

◎ 杨志忠 作
◎ 高 42cm
◎ 作品表现李逵离家多年，返家探望母亲，发现母亲已双目失明，母子相抱痛述别情。作品并非按常规表现母子相见，甚至连李逵的面部形象都被遮挡住了，但是观者却能从中体会到更加强烈的情感释放，可谓"无声胜有声"。李逵的魁梧与母亲的羸弱形成强烈对比。在设色上减弱色彩间的色差，以低纯度的色彩为主色调，以表现作品的历史性。另外，作品采用对比的方法，将李逵的黑衣与母亲的白衣形成补色对比，造成视觉形象的丰富变化；又对母亲的形象表现，以及手的情感特征给予深入细腻的刻画，使得作品生动而极富感染力。

代表作：『泥人张』弟子

中国民间泥彩塑集成·泥人张卷

颗粒归仓

◎ 杨志忠 作
◎ 高 28.5cm
◎ 作品塑一位捡拾麦穗归来的儿童，为了不让白鹅抢到而紧护麦穗，爱护、回收每一粒粮的情节。作品富于戏剧性，是源于作者对生活的观察提炼，让人看后忍俊不禁，又觉得入情入理。这件作品曾入选小学语文课本的插图。作品构图下繁上简，群鹅与男孩高举的双手构成生动有趣的造型；小男孩憨态可掬却又执著以对的表情与白鹅扩张的翅膀、曲颈向前的急切之状，形成鲜明对比。这一对比的冲突，深刻地表现了颗粒归仓的主题，其作品是一件形神并茂的佳作。

阿 福

◎ 杨统环 作
◎ 高 15cm
◎ 作品具有明显的民间传统文化意味。吉祥喜庆的形象,给人以祝福和欣喜。作品形式上突破了传统的阿福形象,显得新颖别致;形态上强化了面部的表情与虎头帽上的装饰;色彩以喜庆的红色为主,同时运用三原色进行对比,丰富了视觉感受,将一种喜悦吉祥的祝愿带到每一个观者的心中。

代表作:『泥人张』弟子

武则天

◎ 宋世忠 作
◎ 高 70cm
◎ 武则天是中国古代唯一的女皇。她是封建社会著名的政治家，14岁被唐太宗选入宫中为才人，唐太宗死后，出家为尼。唐高宗李治继位后，将之召入宫中，武则天以各种手段最终登上皇帝宝座，改国号为"周"，史称"武周"。她精明能干，重用人才，发展农业，国富民安。晚年豪奢专断，颇多弊政。
该作品以细腻的手法表现一位威严、美丽、精明、强干的女皇形象。
该作品曾于1992年9月经北京市工艺美术总公司定为"工艺美术精品"。

代表作：『泥人张』弟子

张 飞

◎ 宋世忠　作
◎ 高　48.8cm
◎ 张飞，字翼德，河北涿州人，三国时期蜀国大将。张飞性格豪爽，行事鲁莽又不乏机智。刘关张三人桃园结义的故事家喻户晓，广受民众的喜爱。作品塑造张飞横矛立马的形象。他一手执矛一手挽缰，座下的战马蓄势待发。整个作品尺度不大却细节丰富，色彩凝重，颇有气势。

老两口学"毛选"

◎ 宋世忠　作
◎ 高　30cm
◎ 作品以学习为主题，以交流为情节，塑老两口在农闲的傍晚，挑灯静静地坐在炕头上，认真仔细地学"毛选"。老汉一手拿书，一手指点着书中的精彩的文字描述，还不时地发出会心的笑声，这微笑，表现了书中的话儿，句句说在他的心坎上。老伴靠在老汉身旁，一边纳着鞋底儿，一边静听着老汉的讲述，还依样发出轻轻的复读声，分享着老汉的喜悦心情。作品造型质朴，形象生动，具有乡土气息，耐人回味。

天 妃

◎ 宋世忠 作
◎ 高 60cm
◎ 后亦称"妈祖神"。瞿灏《通俗编》卷十九"天妃"引《潜说友临安志》:"神为五代时闽王统军兵马使林愿第六女……宋雍熙四年,升化湄州,后常衣朱衣飞翔海上,士人祠之。宣和中,顺济庙号。绍兴时,以郊典封灵惠夫人……护海有奇应,加封天妃神号。"天妃之称始于此。后遍于福建、台湾地区及周边国家,亦称妈祖官,或祖庙。渔民下海打鱼为求平安,首先敬香妈祖神。

该作品妈祖娘娘坐姿,呈安详、慈善神态,头戴流苏冠,身穿华丽朝服,目光平视,显沉思,似正在保护渔业众生。

代表作:『泥人张』弟子

中国民间泥彩塑集成·泥人张卷

壹捌贰

吕布戏貂婵

◎ 宋世忠 作
◎ 高 30cm
◎ 作品取材于中国古典文学名著《三国演义》。貂婵乃是东汉司徒王允的歌妓，容貌美丽，歌艺精熟，受到王允宠爱。她志趣远大，心怀忠烈，面对摇摇欲坠的东汉政权，常常发出忧国之叹。当朝太师董卓专权，以王允为首的朝臣急欲除之，但董卓义子吕布有万夫不当之勇，难以下手。于是王允向貂婵托以重任，暗定"连环计"，将貂婵诈称自己女儿，先许给吕布为妻，后又献董卓为妾。将貂婵招进董卓私邸后，王允对吕布讲："董太师要为你办洞房花烛之喜。"吕布回见董卓与貂婵同室起卧，三五日不见给他办喜事的征兆，就私会貂婵，貂婵说："董太师强行占有，不会给你我完婚，甚是悲切。"吕布对董卓怀恨在心，一日乘董卓不在，与貂婵在"凤仪亭"山盟海誓，拥抱亲吻。董卓回邸见之勃然大怒，抄起吕布画戟就刺。吕布逃走，貂婵对董卓说吕布无理调戏她，使父子反目，视为仇人。王允见计已成，再笼络吕布，共诛董卓，以后貂婵即归吕布占有。
该作品很好地处理此情节及人物关系，其造型生动，色彩明丽，形色和谐统一。

梅 妃

◎ 宋世忠 作
◎ 高 70cm
◎ 梅妃，唐朝福建蒲田人，姓江名采苹，艳丽俊美，自幼能歌善舞，习文断字，文采飞扬，后被太监高力士从福建选入宫中，深得唐玄宗宠爱。她因酷爱梅花，被唐玄宗赐名"梅妃"。当杨贵妃得宠后，她被逼迁居"上阳宫"，后死于"安史之乱"。该作品塑梅妃身微倾，头侧摆，右手持梅花，左手拿团扇，尽显丰润、文静、俏丽的唐代女性之美。
其造型生动传神，色彩富丽明快，工艺精美。

代表作：「泥人张」弟子

壹捌叁

慈禧太后

◎ 宋世忠　作
◎ 高　70cm
◎ 慈禧姓"叶赫那拉氏",是道员惠徵之女,生于道光十五年(1835年)十月初十,咸丰二年(1852年)五月入宫,被咸丰皇帝(奕詝)封为兰贵人,咸丰四年(1854年)晋封为懿妃,咸丰六年(1856年)三月生穆宗毅皇帝"载淳",晋封为懿妃,第二年又晋封懿贵妃,咸丰十一年(1861年)七月奕詝病死在承德,载淳继承皇位。从此,慈禧垂帘听政,掌握清朝大权48年。
该作品塑"慈禧太后"端坐在宝座上,两边宫女手持长柄宝扇侍立两旁,其慈禧塑像依据慈禧晚年形象所塑。
该作品曾获全国百花奖(1988年)优秀创作设计一等奖。
1989年赴香港精品展,荣获"优秀创作"一等奖。
1989年被北京工艺美术品总公司评定为"工艺美术精品"。

天女散花

◎ 李殿圆 作

◎ 高 28cm

◎ 作品取材于佛教故事，天女散花以试菩萨和声闻弟子的道行，花至菩萨身上即落去，至弟子身上便不落。作品采用传统手法，将散花的一瞬间定格，表现了天女婀娜多姿的身影。造型上充分表现了繁复的衣饰和纹样，但繁而不乱，充分体现出作者的整体把握能力。设色丰富和谐，很有感染力。

代表作：『泥人张』弟子

尤三姐

- 王志祥 作
- 高 34cm
- 作品取材于新编古装戏《尤三姐》,其情节、内容来自中国古典文学名著《红楼梦》,讲述柳湘莲应友之约,客串小生戏,尤三姐一见钟情,愿以身相许,但因柳湘莲殴打薛蟠,避祸他乡而未如愿。后因种种误会,柳湘莲至三姐处索剑退婚,三姐遂拔剑自刎,以死明心。该剧童芷苓饰尤三姐,陈西汀编剧,已摄成电影。尤三姐是一个刚烈的女性,她勇于追求自己的爱情,也忠于自己的爱情。她与柳湘莲的情感纠结,使她最终放弃了自己的生命。作品表现尤三姐手捧柳湘莲送的定情信物——宝剑,拿剑的姿势显出她对剑的珍爱。一个命运坎坷的女子,把她心中对于幸福的向往全都倾注在这把剑上。作者将人物的这种心情在欲行又止、依依不舍地四处顾盼中表现得淋漓尽致。色彩以冷色为主,局部点缀暖色体现人物的命运和性格。

蔡文姬

- 胡月景 作
- 高 43.5cm
- 作品表现蔡文姬身着裘衣,迎风而立,独立、坚强的女性形象。人物神情刚毅,似怀着对命运不屈服的信念。衣纹的弧线与直立的型体,重色调的外衣与浅色的衣饰,在造型与设色上都形成对比,增强了作品的视觉效果。

代表作：『泥人张』弟子

辛弃疾

◎ 王志祥　作
◎ 高　35cm
◎ 该作品表现辛弃疾执剑形象。手法简洁概括，重点塑造面部与衣纹以及胸前的团花图案。其他部分适度放松处理。设色以清淡素雅为主调，又体现辛弃疾的文人身份及英武气质。

中国民间泥彩塑集成·泥人张卷

壹捌捌

代表作：『泥人张』弟子

春江花月夜

◎ 逯彤　作
◎ 高　31cm
◎ 作品表现古代乐坊中的一幕。作品中九个人物的刻画，让观者感受到一派歌舞升平、祥和安乐的气氛。作品人物众多，动作变化大，作者对九个人物分别进行细致入微的刻画，使其服饰、样貌、动态各不相同，又各具特色。一个个喜悦的面容，让观者感受到盛世之下的太平安乐。作品似将美妙的乐曲传达给每位受众，使其心心相通，曲乐相融，形成祥和、欢乐的意境氛围。其作品用色大胆有序，通过鲜艳的色彩，体现人物的身份特征，呼应着作品主题。整组作品似一曲跌宕起伏又舒展流畅的乐章，使人仿佛置身于琴声悠悠的古乐坊之中。

神医华佗

◎ 逯彤 作
◎ 高 35cm
◎ 作品表现了中国古代神医华佗手摇串铃，走街行医的场景。人物造型飘逸流畅，颇有仙风道骨之感，动作上一手执灵芝，一手垂袖；人物衣纹随风飘动，具有强烈的动感；在设色上以灰绿色为主调，表现了华佗济世为怀的神医风范。

卖果子

◎ 逯彤 作
◎ 高 37cm
◎ 作品表现了天津市井文化的一个小场景。小贩手捧簸箩，里面盛满了刚出锅的炸果子，正在沿街叫卖。人物肩搭毛巾，腰系围裙，是一个典型的劳动者形象。在其彩塑的表现上依循传统，关注生活，着力于细节刻画，整组作品显现平实可信、富于生活化的自然之风。

代表作：「泥人张」弟子

张果老

◎ 逯彤　作

◎ 高　35cm

◎ 作品取材于中国传统神话传说中的八仙之一——张果老，表现了张果老倒骑毛驴、踏坡而行的场景。张果老手中托着仙桃，笑容可掬，显得悠然自得，一派仙风道骨；而他所骑的毛驴也不是凡品，在江河上行走自如。作者准确地把握住了人物的特点，更以毛驴的神奇反衬出它的主人的神通广大。作品整体为金字塔的形式，构图严谨饱满，设色古朴典雅，庄重大方。

背 水

- 逯彤 作
- 高 30.6cm
- 这件作品表现藏族妇女背水的形象。质感厚重的藏袍与羊毛的内衬表现得非常到位，人物动态自然，头部扭向一侧，似与观者交流，左手捏一簇小花，喻意对于生活的热爱，对美的向往。作品手法较为粗犷，人物动态构成大的弧线，与所背的木桶构成一个"Y"字形构图，达到视觉上的均衡。藏袍内衬羊毛的细碎纹理与藏袍表面大的体面使质感与量感形成对比。色彩以暖调的灰褐色系为主，配以适当的纹饰，呈现出一种稳重亲和的视觉效果。

代表作：『泥人张』弟子

中国民间泥彩塑集成·泥人张卷

壹玖肆

代表作:『泥人张』弟子

吃饺子

- 逯彤 作
- 高 17cm
- 作品塑现实生活中的一个场景,奶奶喂孙儿吃饺子。作品中祖母的形象慈祥耐心,孙儿稚嫩娇憨,祖孙二人构成了一幅和谐安详的生活图像。构图上祖母和孙儿头部相互呼应,设色以祖母的朴素深灰色衣裤映衬孙儿的鲜艳衣着,这既充分显示出作者对于生活的深入观察,又清晰地显现作者能及时地将此源于生活的民生常态,进行艺术的典型化的表现,创作形成极具生活气息的彩塑佳作,就此充分反映了作者的造型功力和艺术的创作能力。

霸王别姬

- 王学成 作
- 高 38cm
- 作品取材于中国古代传说故事,表现了楚霸王项羽与刘邦争夺天下,最终兵败于垓下,与虞姬生死离别的场景。作品创意新颖,独具匠心,采用抽象的表现手法,将作品的主题立意,巧妙地传达给观者。造型简练概括,设色上充分利用了泥土的本色,而以少量的色彩进行汉画像砖样的勾画,立意手法均别具一格,是一件具有探索性的创新之作。

中国民间泥彩塑集成·泥人张卷

贵妃醉酒

◎ 张凡云　作

◎ 高　30cm

◎ 作品取材于中国传统人物，塑唐玄宗的贵妃杨玉环饮酒后步履蹒跚的姿态。她手执酒杯，身着纱衣，倾斜的身体和微醉的表情都恰如其分地表现了人物的身份和性格特征。设色明快富丽，很好地将型与色有机结合，使得塑型与色彩和谐统一。作者是"泥人张"第五代传人张宏英之女，在继承家传技艺的基础上不断进行彩塑艺术创新。

壹玖陆

素 女

◎ 张凡云 作

◎ 高 22cm

◎ 作品塑一位席地而坐、手抚古琴的少女，她表情恬淡安详，似乎沉浸在音律之中。人物的纵向坐姿与古琴的横向形态相互组合于三角形的构图空间之中，虽然此形式给人以安定、稳固的视觉感受，但其人物的头部微微扭转，眼睛轻微的转视，莲花手式的轻弹与慢抚，顷时便有了生动与生气，使观者似伴随音律的节奏，愉悦于视听的意境氛围之中。设色以低对比度的色彩为主，显得清新素雅。

代表作：『泥人张』弟子

山 鬼

◎ 佚名 作
◎ 高 33.5cm
◎ 作品取材于中国古代文学名著——屈原《九歌·山鬼》，塑造了一位美丽、率真、痴情的少女，坐在赤豹上痴心等待情人的情节。三角形构图使作品稳定均衡，具有比较好的形式感。呈纵向坐姿的少女与横向动姿的赤豹的组合体现了造型的动与静，形成了优美和大气的视觉感受。其色彩淡雅忧郁，烘托出人物的内心情感。作品以少女的形象替代山鬼，将幻想与现实交织在一起，具有浓郁的浪漫主义色彩。

飞 天

- 佚名 作
- 高 35cm
- 作品表现了佛教中空中飞行的天神——飞天，其形式来源于敦煌石窟壁画中的造型。该作品在借鉴传统飞天形式的基础上，又融入了现代艺术的表现方法，造型概括简约、生动准确。其迎风摆动的衣裙、飘飘翻卷的彩带将飞天这一形象刻画得轻盈巧妙，潇洒自如，妩媚动人。其色彩处理上，既运用传统着色方法及规律，又巧妙地配合皴擦的技法，使得作品尤显丰富古朴，令人过目不忘。

代表作：「泥人张」弟子

屈 原

- 穆瑞森 作
- 高 40cm
- 作品表现了伟大的爱国主义诗人屈原的形象。屈原,战国时楚国人,曾开创了"楚辞体"的文学形式。为人刚直不屈,是楚怀王时的重臣,后为奸佞所谗,被流放。屈原深感报国无门,忧愤不已,自投汨罗江而死。作品中的屈原迎风行走,似乎是他现实生活中所承受的巨大压力的写照。人物面部表情凝重沉稳,忧国忧民之情跃然纸上。设色上古朴典雅。造型整体上表现出屈原卓尔不群的形象特征。

黛玉焚稿

◎ 穆瑞森　作
◎ 高　21cm
◎ 作品取材于中国古典文学名著《红楼梦》，表现林黛玉病逝前的绝望与悲凉。病卧床榻的林黛玉，体态柔弱，面容憔悴，向火盆中投下诗稿，渲染出一种忧伤凄美的意境。作品以人物处于悲伤绝望的动态与阴冷的色调营造了人物诀别时的悲剧氛围，在服饰和色彩上给人以灰暗的视觉感受，人物的体态动作虚弱无力又与故事情节、作品主题互为作用而使之深化，是一件动人心弦、令人共鸣的彩塑佳作。

代表作：『泥人张』弟子

奶奶先吃

◎ 穆瑞森 作
◎ 高 17cm
◎ 作品表现了祖孙两代和谐欢愉的场景，奶奶抱着孙儿，孙儿将手中的苹果递给奶奶，让奶奶先吃。老人的沧桑与儿童的稚嫩形成对比，构图上形成圆的适形，造型整体中富于变化，设色上源于生活，令观者倍感亲切。

集市归来

◎ 穆瑞森 作
◎ 高 35cm
◎ 作品表现了一位刚从市场买鱼归来的老大娘形象,她一手拿着弹簧秤,一手扶起老花镜,脸上露出满意的表情。作品源自生活,颇具情趣,人物气质动作符合老年人的身份,是一件形神兼备之作。

代表作:『泥人张』弟子

风趣图

◎ 穆瑞森 作

◎ 高 23cm

◎ 作品取材于现实生活，表现了奶奶和孙儿躲猫猫的场景。奶奶童心未泯，孙儿憨态可掬，共同构建出一幅诙谐有趣的生活画面。作品构图饱满，以团块化为主，人物与场景结合巧妙、浑然一体，立意更是别具新意，使观者不禁莞尔。

姚 期

◎ 杨朝晖 作
◎ 高 30cm
◎ 作品表现的是中国古代历史人物姚期。姚期，东汉刘秀手下大将，曾血战沙场，为国家立下了汗马功劳。作品塑姚期手执马鞭，身穿蟒袍，面绘脸谱图案，呈戏曲人物的形象。人物造型饱满，设色沉稳和谐，体现了作者的塑造功力。

代表作：「泥人张」弟子

十五贯

◎ 白宝玲 作

◎ 高 38cm

◎ 作品取材于同名中国传统戏剧，大意是：尤葫芦被杀，十五贯钱被盗，而恰好尤的养女苏戌娟听了养父将她卖与人家的戏言而出走。她在路上遇到了伙计熊友兰，熊的身上正好也带着帮主人办货的十五贯钱。无锡知县过于执主观武断，仅仅根据这些表面现象，便作出了熊与苏通奸谋财害命的论断。苏州知府况钟不停留于这种表面现象，经过调查研究，终于抓到了真正的杀人盗财凶手娄阿鼠，推翻了过于执的错误判断，为熊、苏二人平反。作品表现了况钟与娄阿鼠对话的场景，况钟作算命先生打扮，占据了构图的主要位置，而娄阿鼠则缩在一角。作品将正面人物和反面人物进行了强化处理，正面人物的方正刚直，反面人物的猥琐卑鄙，观者一目了然。作品设色上也遵循着情节和人物身份的特点，正面人物采用明亮的浅蓝色，反面人物采用灰暗的深褐色，是一件匠心独具的作品。

盗仙草

◎ 白宝玲　作
◎ 高　48cm
◎ 作品取材于中国民间神话传说《白蛇传》。许仙因见到白娘子的真身而被惊吓至死，只有靠灵芝仙草才能重返阳世。无奈之下，白娘子只好上仙山盗取灵芝仙草。作品中白娘子口衔仙草，手握宝剑，腾云驾雾，急切返回。作者突破了泥土的极限，造型令人感叹，形式感更加强烈，体现出作者的纯熟技艺。设色上以白色为主，清雅明快，整体造型灵动俏丽，是一件富于创意的优秀作品。

代表作：「泥人张」弟子

文成公主

◎ 孔露白　作
◎ 高　36cm
◎ 唐太宗李世民高瞻远瞩，为营造和平环境，与吐蕃（今西藏）王朝联姻，把宗室养女文成公主嫁给其赞普（君主）松赞干布，从而奏响了汉藏友好和谐的乐章。文成公主进藏，把历算、医药知识和碾磨、制陶、造纸、酿酒等制作工艺也传了过去，对吐蕃的经济、文化产生了重要影响，对大唐王朝的安定做出了重要的贡献，是历史上值得歌颂的妇女典范。因此，作品塑背负沉重使命即将远嫁异族他乡的文成公主，呈年轻貌美、身体健康、敢于面对困难、带有阳刚之气的花季少女形象。其造型是塑造她身材挺拔，略微仰头，目视远方，迎着前方的千难万险，加以腰悬宝剑，更显出定要战而胜之的决心和英雄气概。服装的颜色以抢眼的淡红为基调，突显少女的良好心愿和柔美的温情。

卓文君

◎ 孔露白　作
◎ 高　45cm
◎ 取材于汉代卓文君和司马相如恋爱的故事，当垆卖酒尽人皆知。作品选取了文君听琴的瞬间动态作为人物的造型依据。卓文君是西汉政权辅臣卓王孙的爱女，善于弹琴，当时文君并非天真无邪的少女，而是孀居的少妇了。根据其家世和教养，作品把她的外表塑造成一位身材修长、仪态典雅的美人。她微微低头，侧耳凝听，仿佛从后花园里传来的辞赋才子司马相如的琴声，已经拨动了文君孤寂的心弦，她直欲倾诉衷肠，却又含羞却步。在服饰上，考虑到孀居，所以卓文君只着单色素服；但又点出脚穿红鞋，以暗示关不住的青春和对美好生活的向往。腰间的挂饰"璜"，点缀出汉代饰品的特色。

代表作：『泥人张』弟子

李 斯（局部）

◎ 赵杰 作
◎ 高 100cm

李斯，秦代政治家。楚上蔡人。战国末入秦，初为吕不韦舍人，后被秦王嬴政任可卿。后因建议对六国采取各个击破的政策，使秦统一六国，并任丞相。也曾建议统一文字，反对分封制，强调中央集权统治。秦始皇死后，为赵高所忌，被杀。该作品塑其形象长方脸形，立眉，凤眼直鼻，方口大耳，长衫直裙，立身微倾，似若有所思，惟妙惟肖地刻画了其政治家的风度。整组作品采用重色调，使作品厚重沉稳，富于历史感。

杨贵妃（局部）

- 赵杰 作
- 高 100cm
- 杨贵妃即杨太真，唐蒲州永乐人，小名玉环。初为玄宗子寿王妃，后入宫得玄宗宠爱，天宝四年（公元745年）封为贵妃。
  作品塑其形象饱满俊美，型体丰硕厚润，着红衫长带，双手合握目视前方，似轻移小步，呈福姿娇媚之态，很好地表现了人物的形态、心态和神态，独具匠心。

代表作：「泥人张」弟子

中国民间泥彩塑集成·泥人张卷

高山流水清泉音

◎ 赵健磊、赵东民　作
◎ 高　150cm
◎ 作品以中国古代历史人物俞伯牙为主体，以瀑布奔流的高山为背景，表现俞伯牙操琴时"巍巍乎志在高山"、"洋洋乎志在流水"的场景。作品将奔涌的山泉化作俞伯牙弹奏的瑶琴，将琴与水化而为一，营造了"以天地为琴房、以山川为琴脊、以江河为琴弦"的意境，诠释了中国传统文化中对于音律的至高追求——"天籁之音"。

唐　风

◎ 赵健磊　作
◎ 高　30cm
◎ 作品以唐代仕女为题材，采用现代手法进行夸张变形，刻画出一位妩媚的少妇形象。在造型上吸取唐代仕女像丰腴饱满的特点，将之进行立体表达。同时在设色上也吸取了唐代三彩的风格手法，设色古拙质朴，颇具特色。

代表作：『泥人张』弟子

普 贤

◎ 赵东民 作
◎ 高 100cm
◎ 普贤是佛教四大菩萨之一,与释迦牟尼、文殊菩萨合称为"华严三圣"。佛教说他专管"理德",表"大行"。普贤又译成"遍吉",他的职责是将佛门推崇的"善",普及到一切地方,可谓功德无量。
作品采用浪漫的手法,塑安详俊美的菩萨坐骑饱满丰润的白象之上,突显其法力无边。然而这一法力无边的神,并非概念式地塑青面獠牙、举臂挥拳,却是以美丽温善的和蔼可亲形象组合成掌兽人与动物浑然一体的生动造型,无疑,这将象征善者的成功美德,使观者意喻联想,百看不厌。

张 衡

◎ 徐寿盈　作
◎ 高　17cm
◎ 作品选择东汉科学家张衡研究地动仪的情节。塑张衡一手扶膝，一手握卷，侧身凝视面前的地动仪，似乎正在认真地思索。同时作品着意处理人物与地动仪之间的呼应关系，使其成为整个作品的点睛之笔。在设色上作品依循传统，以素雅见长。

代表作：「泥人张」弟子

中国民间泥彩塑集成·泥人张卷

貳壹陆

慧可大师

◎ 陈毅谦　作
◎ 高　50cm
◎ 二祖慧可祖籍虎牢，本姓姬，原名神光。为感动达摩收他为徒，立雪断臂终得达摩点化，成为一代宗师。作品手法奔放，面部和手部的细腻与衣纹的团块化、厚重感构成了强烈的对比。

达摩大师

◎ 陈毅谦　作
◎ 高　50cm
◎ 《禅宗六祖》取材于博大精深的佛教文化，分别塑造了中土禅宗初祖达摩大师、二祖慧可大师、三祖僧璨大师、四祖道信大师、五祖弘忍大师和六祖慧能大师。
达摩大师西来东土传授佛法，为中国第一禅祖，他遍游南印度宣扬佛法60余年。梁武帝时达摩乘船渡海历时三年到达广州，当时已有150岁了，后渡江北上，因无船足踏竹杖，世称"一苇渡江"。作品塑造了达摩端坐参禅的苦修场景。

代表作：『泥人张』弟子

中国民间泥彩塑集成·泥人张卷

僧璨大师

◎ 陈毅谦　作
◎ 高　50cm
◎ 三祖僧璨原为居士，40多岁时来投二祖，忏罪心诚，二祖称他为佛门之宝，赐名僧璨。作品表现了僧璨大师慈祥谦和的生活化场景。

道信大师

◎ 陈毅谦　作

◎ 高　50cm

◎ 四祖道信14岁时求三祖教他解脱法门，后服侍师傅9年得三祖衣钵，成名四祖，每天摄心入定，60年不卧床睡觉。作品表现了道信大师斜披僧袍，苦修佛法的场面。人物的动态稳重，衣纹飘逸流畅，形成了强烈的视觉效果。

代表作：『泥人张』弟子

弘忍大师

◎ 陈毅谦　作

◎ 高　50cm

◎ 五祖弘忍自幼随母乞讨度日，后随四祖学法修禅，继承衣钵，遂成禅宗五祖，法名弘忍。作品塑造了弘忍大师端坐弘法，中正平和的形象特征。对于衣纹的塑造力求打破程式感，强化造型的繁复与穿插的变化，使人感受到丰富的视觉效果。

慧能大师

◎ 陈毅谦　作

◎ 高　50cm

◎ 六祖慧能祖籍河北涿县，俗姓卢，出身于落魄的官宦之家，幼年失学却聪慧过人，为求佛法前往黄梅拜见五祖弘忍，以偈语"菩提本无树，明镜亦非台，本来无一物，何处惹尘埃"传于世，后继承五祖衣钵为六祖。作品塑造了一位质朴谦和、神光内敛的高僧形象。

代表作：「泥人张」弟子

倓虚大师

◎ 陈毅谦 作
◎ 高 50cm
◎ 作品表现了我国近代高僧——天台宗第四十四代宗师倓虚大师讲经的场景。大师正襟危坐于佛座之上，开坛讲经。佛座的处理以镂空形式为主，和人物形成了对比，实体的人物与虚空的佛座构成了虚实相应的空间形式。设色古朴大方，同人物的身份非常吻合，充分体现了作者对于人物的理解和精妙的造型功力。

弘一法师

◎ 陈毅谦 作
◎ 高 50cm
◎ 弘一法师俗名李叔同，1880年生于天津。他是美术家、音乐家、戏剧家、书法家、篆刻家和艺术教育家，是中国新文化运动的先驱者，更是享誉海内外的著名的佛教高僧。他的学术成就、佛学功力、品格操守和高风亮节深受世人尊崇。弘一法师塑像，力求表现法师神髓。除追求形似外，从面容、手势、坐姿和衣着中尽量表现出他的慈悲、和善、喜悦、安详、谦恭、宁静、朴素和虔诚，以透露出法师深厚的文化修养、崇高的精神境界和淡定从容的佛家风范。
整尊塑像造型平实典雅，用色朴素深沉，泥塑人物与木制家具结合，以烘托人物的精神风骨，力求增强真实感，使作品的内容和形式达到和谐统一。《弘一法师》于2006年被捐献给天津蓟县希望小学。

代表作：「泥人张」弟子

罗 汉

◎ 陈毅谦 作
◎ 高 50cm
◎ 作品取材于民间神话故事，罗汉为佛家修行者，具有普度众生、感化世人、救苦救难的大慈大悲形象。作者表现出了人物的慈眉善目、安详端庄的神态。人物端坐在磐石之上，面朝右前方，双目微张，似乎正在观望着芸芸众生。整件作品呈正三角形，稳坐在地面，人物衣纹层次丰富，用写实的手法把衣纹的变化表现得淋漓尽致。在设色上，人物的衣着以粉色为主，用蓝色勾线加以调和，与其座下磐石的绿色形成对比，色彩清淡素雅，十分和谐。

满 月

◎ 王润莱 作
◎ 高 22cm
◎ 作品塑年迈的祖母双手搂着孙儿,歪着头,紧贴着孙儿的小脸,生动地表现了祖母怀抱着满月的孙儿,疼爱之情溢于言表。作品将祖孙间的亲情充分地表现了出来,流露出浓浓的爱意。在形式上将二人进行团块化的处理,显得完整统一。在设色上和谐自然,充溢着浓浓的生活气息。

代表作:『泥人张』弟子

中国民间泥彩塑集成·泥人张卷

农忙时节

◎ 王润莱 作

◎ 高 22cm

◎ 作品以略带装饰的手法表现了一个儿童喂鸡的场景，使人浮想联翩，仿佛在眼前展开了这样一组画面：正是农忙时节，家中的成年人都去地头干活了，喂鸡喂鸭的活计就交给了这个小家伙。他正一丝不苟地从袋中取出鸡鸭饲料，而成群的鸡鸭也围在他身边。整个作品充满生活气息，令观者忍俊不禁，颇具情趣。

代表作：『泥人张』弟子

捉迷藏

- 王润莱　作
- 高　36cm
- 作品表现了一老一少两个古代人物的形象。老人的帽子被风吹走，儿童犹如捉迷藏，去寻迹追赶，整组作品构成了一幅生活化的图景，生动而有趣味。在人物的塑造上特别是衣纹的处理上独具匠心，老人的衣衫强劲飘扬，暗示出情节的起因。表现上以传统的造型手法为主，真实而传神，充分体现了作者的造型功力。

中国民间泥彩塑集成·泥人张卷

马到成功

◎ 翟洪 作
◎ 高 50cm
◎ 作品取材于中国古典文学名著《三国演义》,作品中关羽右手提青龙偃月刀,左手拉着赤兔宝马,马的前蹄高高抬起,似乎显示了将要赶赴沙场、再立功绩的迫切心情,使观者感受到沙场的气氛。人物和马的动态协调自然,和马蹄下静态的岩石形成动静对比,体现了作者的巧思妙构以及纯熟的彩塑表现技巧。设色上大胆豪放,色彩对比强烈,具有视觉张力。

画家齐白石

◎ 翟洪　作
◎ 高　30cm
◎ 作品表现了一代国画宗师齐白石伏案作画的场景。齐白石端坐在书案后，正审视着自己的作品。一代大师气质雍容，胸有成竹，似乎对画作颇为满意。在塑造上人物造型比例准确，结构恰当，动态舒展，场景道具无一不精，体现出作者的造型功力。

代表作：『泥人张』弟子

中国民间泥彩塑集成·泥人张卷

贰叁零

代表作：「泥人张」弟子

训 鸟

- 翟洪 作
- 高 30cm
- 作品表现了清代富家子弟驯鸟为技的生活场景。人物手架鸟笼，跷着二郎腿，一副优哉游哉的神态，表现了清代的纨绔子弟游手好闲、无所事事的生活状态。人物比例准确，神态自然，鸟笼、家具等道具塑造得细腻真实，很有现场感。

山 妮

- 翟洪 作
- 高 30cm
- 作品表现的是山村里的一位小姑娘的形象，小姑娘头扎羊角辫，身穿红色花布小棉袄，依靠在木栅门上，很有乡土气息。场景中的石头围墙、木门、母鸡和鸡仔，更烘托出了一股清新亲切的自然之风。作品在造型和设色上自然写实，以朴素的手法表现了富于生活化的场景。

贰叁壹

中国民间泥彩塑集成·泥人张卷

春 雨

◎ 林钢 作
◎ 高 30cm
◎ 作品塑一位顽童，在炎热的夏季头顶荷叶，身着小背心和短裤，似乎正在雨中嬉戏。作者虽然没有表现雨景，但观者通过特定道具，似乎已经听到滴滴答答下雨的声音。设色清新淡雅，图案纹饰明快率真，笔法描绘挺括流畅，整组作品充满笔意笔趣，是一件有意味的彩塑佳作。

逗你玩儿

◎ 傅长圣　作
◎ 高　50cm
◎ 作品继承了"泥人张"关注生活、表现生活的优秀传统，准确地刻画了著名相声大师马三立先生表演时的形象。作者选取马三立先生的代表作《逗你玩儿》作为塑造题材，抓住了马先生在表演高潮时抖包袱的瞬间动作，使得塑造的人物形象真实生动，寓动于静，让观者如见其人，如闻其声。

代表作：『泥人张』弟子

中国民间泥彩塑集成·泥人张卷

铁拐李（局部）

◎ 曹学堂 作
◎ 高 70cm
◎ 铁拐李，民间传说中道教的八位神仙之一，据说是隋时峡人，名洪水，小字拐儿，又名李铁拐。民间相传他常行乞于市，人皆贱之，后以铁拐掷空，化为龙，乘龙而去。
作品用夸张的造型语言塑造了铁拐李的形象，黑脸蓬头，金簪束发，卷须笑目，翘鼻大口，彰显质朴、乐观、智慧之形。

贰叁肆

利 刃

◎ 于化祥 作

◎ 高 17cm

◎ 作品表现了中国古代神话传说人物——钟馗。钟馗手执宝剑正在磨石上霍霍磨刀。随风轻扬的衣袖与有力的肌肉形成对比,将钟馗嫉恶如仇的性格特征充分表现出来。在设色上独具匠心,以大红袍暗示钟馗的身份及性格,特别是如火焰般的衣袖处理,堪称神来之笔。

代表作:『泥人张』弟子

中国民间泥彩塑集成·泥人张卷

唐玄宗与杨贵妃

◎ 于化祥　作
◎ 高　37cm
◎ 作品选择劝酒情节，表现了唐代玄宗皇帝和他的爱妃杨玉环相依相随，爱意绵绵。作品塑唐玄宗和杨玉环二人手持酒杯，站立对饮。作者抓住了人物的身份特点，作品中的唐玄宗高大神武，具有帝王气概，而杨贵妃体态轻盈，婀娜多姿，体现出了她高贵典雅的气质，与人物身份十分吻合。设色上清淡素雅，效果和谐。

代表作：『泥人张』弟子

山里红

◎ 于化祥　作
◎ 高　30cm
◎ 作品表现了一位山里姑娘挎篮叫卖山里红的场景。小女孩头戴红色围巾，身穿花袄，满篮的山里红显得颇为沉重，使得她不得不后仰着身体，脚边的藤筐中也盛满了山里红。整个作品洋溢着丰收的喜悦，在设色上以红色为主调，处处呼应，独具匠心。

盼

- ◎ 于化祥　作
- ◎ 高　22cm
- ◎ 作品表现的是一位衣衫褴褛的老者，蹲坐在地上，俯身探头，挽着衣袖凝视着刚刚破土而出的幼苗，好像在盼望着什么。人物神态自然随和，整体团块感强烈，十分饱满。设色上体现了人物的纯朴自然。作者紧紧抓住了人物的内心世界，形象地表达出了主题"盼"字。

老队长

- 于化祥 作
- 高 22cm
- 作者以写实的手法，表现了一位农村老队长的形象。老队长盘腿而坐，一手拿着铁锹，一手拿着烟袋，面带慈祥的笑容，表现出了人物在工作之余的休憩场景。人物造型以团块化为主，而铁锹的锹把则与整体的团块化形成对比，同时布满纹理的棉袄与相对光滑的棉大衣形成粗与细的肌理对比，从而使其造型生动，富于变化。在设色上朴实大方，具有很浓的乡土气息。

代表作：『泥人张』弟子

中国民间泥彩塑集成·泥人张卷

秋天里

◎ 于化祥　作
◎ 高　17cm
◎ 作品表现了农村两个老汉闲暇之余在田间地头下棋的场面，具有浓郁的生活气息。两个老汉，一人盘坐，一人蹲坐，正关注着棋局。在细节处理上也体现了作者对生活的深入观察，一人正在手卷土烟，一人将烟卷夹在耳朵上，另外，二人正在对弈的棋子却是就地取材的山里红，棋盘也是因地而施。其条件虽差，但二者都聚精会神地注视着自制的棋局，这一切都勾勒出一幅活灵活现的农闲自乐的生活图景。

遛 早

◎ 于化祥 作
◎ 高 32cm
◎ 作品表现了一位清晨遛早的老者。人物穿着朴素，蓝色的上衣，褐色的裤子，脖子上挂着烟杆烟袋，一手拿着健身球，一手向后背着，略微驼背，像是在步伐缓慢地行走着。作品准确地抓住了人物的特点，塑老者面目慈祥，神态自然，虽然满面沧桑，略显老态，但却健康、乐观，一派老寿星的福相。作品这一惟妙惟肖的艺术表现，准确而生动地再现了当代老年人既充实又丰富的晚年幸福生活图景。

代表作：『泥人张』弟子

贰肆壹

凝固的记忆——乡情

◎ 喻建辉　作

◎ 高　30cm

◎ 该作品选取西藏民生题材，以意象的表现方法，塑造一位饱经沧桑的老者，与一翘立后尾的瘦犬，相依而坐。老人仰首，紧锁双眉，双目凝视前方，嘴似微微抖动，似乎在张望期待中。老人左手抚腿，手指的方向与他目光注视的方向一致，更增加了指向性，流露出浓浓的期待之情，右手自然下垂，握着一串念珠，体现出人物的身份特征。设色和谐自然，低纯度色彩对比，更富于生活韵味，创造了寓静于动的意境。

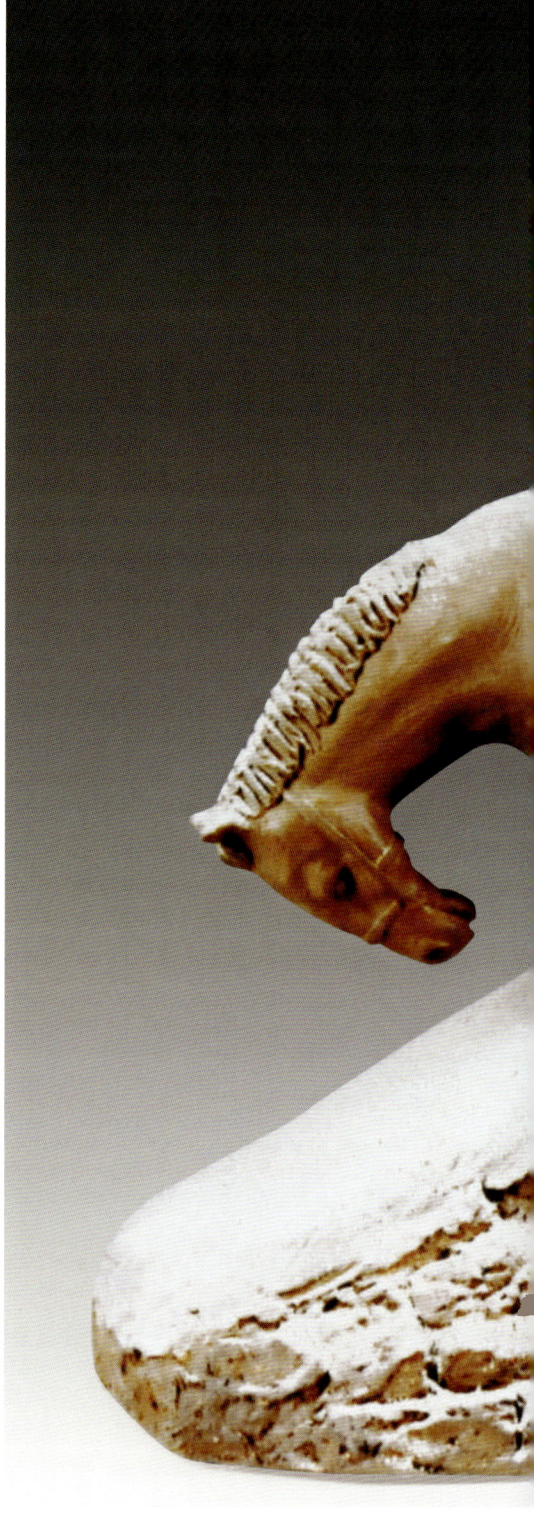

代表作：「泥人张」弟子

回　家

◎ 张荣达　作
◎ 高　35cm
◎ 作品取材于现实生活，又表现出作者憧憬"雪"的自然美景，每当冬天清晨醒来，站立窗前看到漫天飞舞的雪花会使人们兴奋不已。雪的景色总会把人们带入诗中，感悟大自然的美。作品艺术地赞美了人与自然观物取象的典型性特征，是作者心境感悟与客观物象的物我合一。其创作手法继承了"泥人张"艺术技法。其材料是取自广东佛山的泥土，将不同颜色的泥土掺融塑造，使作品形成丰富的色彩，从而表现了既单纯又圣洁的雪景，同时作品的塑造更加突出质朴、自然的艺术语言，使人们在观赏中感到和谐与亲切。

茶 馆

◎ 张荣达 作
◎ 高 35cm
◎ 作品是根据老舍先生三幕话剧《茶馆》而创作的，结合话剧所描述的那一历史时期，反映三个时代长达50年的社会生活，暗示了人物与时代之间的冲突。《茶馆》的构思比较独特，它没有一个统一的情节，也没有一个必不可少的中心人物，而是把握准每一个人物的内心世界，像图画一样，将每一个人物勾勒其中，把每一个情节融入其内。作品同时根据这些人物的特定性格及主次关系敷以色彩，以表现该历史时期的社会本质和发展趋向，从中诠释《茶馆》深刻的思想内涵和艺术表现力。

佛 光

◎ 陈辉 作
◎ 高 40cm
◎ 艺术是相通的，没有国界，都是表达人类美好的愿望和真善美的主题。作品将中国传统的佛教艺术和米罗的作品并置在一个空间里，表达了对人类大同的美好愿望。

代表作：『泥人张』弟子

对 弈

◎ 李先飞 作
◎ 高 35cm
◎ 该作品以装饰性的手法,将两个人物构图于圆形的造型空间之中,同时绘制暖色调,并采取点、线、面、色及冷暖、补色等对比语言,使限定中的对称人物,产生丰富且和谐的视觉形象,给人以赏心悦目的艺术享受。

回娘家

◎ 李先飞 作
◎ 高 35cm
◎ 作品塑一妇女侧回头，凝视幼童，并扭转身形，右腿前伸似匆匆赶路，而脚下粗糙肌理的底座，又似山路崎岖漫漫，给急于回归娘家的母子增添了几分艰难。这母亲回首的瞬间，崎岖艰难的路程，都给作品增添了几分趣味，几分遐想，洋溢着乡情与乡趣。在设色上既涂绘冷色彩主调，又有意味地处理了色面积大小的变化，使得造型更加生动与丰富，产生锦上添花的作用。

代表作：「泥人张」弟子

中国民间泥彩塑集成·泥人张卷

天 使

◎ 张鲲 作
◎ 高 48cm
◎ 作品以浪漫主义的手法表现了情窦初开的青年男女的亲昵状态，创意新颖，构思巧妙。造型在写实的基础上进行了适当的夸张，增添了作品的情趣性，给人以轻松惬意的感觉。色彩吸取了当代设计表现手段，强调形式感，极具装饰性。

代表作：「泥人张」弟子

丝绸之路

◎ 陈祥　作
◎ 高　45cm
◎ 作品以少女以及骆驼的形象来诠释丝绸之路这一具有历史意义的国际通道。均齐式的构图给人以稳定和谐的感受。造型概括简洁，以几何化的手法表现出形式美感。色彩沉稳高雅，具有汉代纹饰图形及色彩调子的时代特征，同时通过繁复的纹饰与简洁的外形构成对比，形成了强烈的视觉效果。

中国民间泥彩塑集成·泥人张卷

贰伍零

升 腾

◎ 马天羽 作
◎ 高 50cm
◎ 作品塑一名得道高僧，置身于圆形升腾的火焰之中，喻意通过艰难的修炼，终成正果的心路历程。作品将火的空间形态与人物巧妙结合，使其从内涵到形式都成为其彩塑艺术实践中在继承与创新方面的探索之作，也是一件极具装饰性与现代感的艺术佳作。

连年有余

◎ 麻昌 作
◎ 高 38cm
◎ 连年有余是中国民间吉祥文化的典型代表，体现着人们对美好生活的向往与祈福。"鱼"谐音"余"，连年有"鱼"即连年有"余"。作品以装饰性手法，塑一身材修长的少女和两条灵动的大鱼，以象征的造型、装饰的色彩和丰富的寓意表现对生活的美好祝愿。

代表作：『泥人张』弟子

敦煌系列之一

- 岩上敏郎 作
- 高 45cm
- 作品用意象表现了敦煌石窟的造像风采，以装饰化的造型和平面化的色彩，对于敦煌石窟的造像进行了重新的诠释。作品的整体呈几何形，人物造型夸张写意，特别是色彩的处理，吸收现代构成手法，非常富于个性。

敦煌系列之二

- 岩上敏郎 作
- 高 45cm
- 作品用意象表现了敦煌石窟的造像风采。人物的背景采用几何化的形态进行处理，简洁大方。人物造型夸张适当，有张有弛。在色彩运用上强调主观用色和构成的手法，具有浓郁的装饰意味。

女娲补天

◎ 刘玉庭　作
◎ 高　40cm
◎ 作品取材于中国民间神话传说，表现了人类的始祖——女娲手托五色石以补苍天的神话故事。作品采用S形构图，强调形式感，再现了女娲补天这一中华民族的神话传说。造型上以概括夸张的手法表现人物的柔美之感，设色手法吸取了现代设计的元素，以几何化和平面化表现出装饰之美。

代表作：『泥人张』弟子

闻鸡起舞

◎ 刘玉庭　作
◎ 高　38cm
◎ "三分做七分画"是对中国民间彩塑艺术的经典概括,如何以简约的造型和生动的彩绘表现作品的主题意境,一直是彩塑艺术所探求的。《闻鸡起舞》在这方面作了很好的尝试,作品以简约的空间形体和概括的色彩,生动地表现出晨练强身的形象,在色彩描绘上以装饰和写意相结合的方式,表现多姿的舞动意趣。

吹箫引凤

- 刘玉庭　作
- 高　38cm
- 作品以中国民间传说为创作主题，吸收汉代帛画的造型形式和色彩，运用民间彩塑手法和传统艺术表达方式进行探索性地表现，使之既具造型艺术的传承性，同时又符合当代人的审美趣味，为传统艺术形式的继承与创新进行了有益的尝试。

代表作：『泥人张』弟子

涅槃

◎ 刘玉庭 作

◎ 高 40cm

◎ "涅槃"是佛学中的最高境界,简单地说,"涅槃"就是经过修道,能够彻底地超脱人世间的烦恼,具备一切功德,超脱生死轮回,入于"不生不灭"的境界。作品以敦煌艺术为创作灵感,以涅槃为主题,通过现代的构形方式,表现出一种和谐、安详、纯净的精神境界。

面 具

◎ 刘玉庭 作
◎ 高 28cm
◎ 作品以美洲印第安人的图腾文化符号为创作元素，结合中国传统彩塑表现方式，运用当代造型手法与构形方式对人类精英文化进行重构与诠释，探索古今中外文化架构之间的沟通与融合，以后现代方式建构一种新的造型形态。

代表作：『泥人张』弟子

题材与分类

中国民间泥彩塑集成·泥人张卷

题材与分类

取材于人物肖像题材

"泥人张"以肖像题材创作了许多精彩之作。其人物肖像塑造最能显示出作者的功力与水平。具有创意性的人像创作,不仅要求形似,还要求塑像依形而传神。依形是以创作者写实基本功为基础,要求在塑造的瞬间就能形肖其人;而传神是作者在塑造中要融入情感地抓住所塑对象的典型特点,深入刻画其职业属性、性格特征和表情特征的内在表现,达到生动、深刻又耐人寻味的艺术效果。如"泥人张"第一代张明山所作精工木匠《刘国华》、著名学者《严仁波》等彩塑,便是这样的肖像题材作品。

《严振肖像》 张明山

取材于中国古典文学和民间故事题材

在中国5000年历史长河中,各个历史时期,都涌现出许多可歌可泣、感人至深的历史故事,又由这些历史故事演绎成中国古典文学作品与民间口头文学。人们从中感受激扬悲壮的历史时刻,崇敬赞佩气吞山河的气魄,感悟体味着人生哲理和人生真谛。为使人们铭记这些动人的历史、故事与人物,"泥人张"选择了这样的题材,通过彩塑的艺术形式给予表现,讴歌对真、善、美和人性的向往与追求。

"泥人张"从中国古典文学中选取题材的有《三国演义》、《水浒传》、《红楼梦》、《西厢记》等;以民间故事为题材的有《白蛇传》、《张敞画眉》、《木兰从军》等。现珍藏于颐和园内的《读西厢》和藏于天津艺术博物馆的《蒋门神》等,就是取材于古典文学名著《红楼梦》和《水浒传》中特定情节和特定人物的彩塑或泥塑作品。

《岳飞》 张玉亭

取材于民生、民俗题材

民间艺术与大众生活是密不可分的，它是一种讴歌生活的艺术。生存是人类的第一需要，要生存就必须改善自己的生存环境，与自然界发生各种各样的关系，进行生产、劳动，创造生活需要的各种产品，满足自身的物质生活和精神生活的需求。从古至今，人们的衣、食、住、行等日常生活的事态与活动，逐步成为民间习俗的重要内容。许多重要的习俗都围绕着人们的日常生活而展开，如岁时节令、婚丧嫁娶、饮食商贸、文娱游艺等方面，随着生产的发展和生活的变化，形成各自相应的习俗。"泥人张"彩塑艺术正是从形形色色、多姿多彩的民生与民俗世相中遴选创作的题材。如"泥人张"第二代张玉亭、张华堂所做的《三百六十行》等就是反映市民和社会各阶层、各行各业人们劳动生活状态的作品。表现婚、丧、嫁、娶的彩塑，便是取材于社会风俗民情的作品。"泥人张"第三代张景祜取材于现实生活的题材，创作了大量的作品，如取自50年代初期的抗美援朝战争的《铁甲军》、《慰问志愿军》、《老美投降》等。他还创作了很多反映少数民族生活的作品，如彩塑《泼水节》、《选花布》等，是50年代深入到边疆、民族地区采风、体验与艺术实践的成果。

《算卦》 张华堂

取材于吉祥、吉庆题材

在"泥人张"的彩塑作品中有相当数量的作品取材于吉祥、吉庆题材。这些作品的题材取向是源于民众祈吉、避邪的朴素思想观念，以一种恒常的心愿深深地植根于民众的心底，他们祈求幸福，希望平安，向往祥和。这种美好的心理诉求渗透于生活之中，无论是互相的祝愿（问好），服饰的图案（福、寿），家庭的环境装饰（庭院影壁的福字），还是精神上的期冀，无不尽显着纳福迎吉的期望，并通过各种艺术形式表现出来，以期获得精神的慰藉。如第二代张玉亭的彩塑《麻姑献寿》、《福、禄、寿三星》等就是这类题材的作品。

《麻姑献寿》 张宏英

制作的习俗与工艺

中国民间泥彩塑集成·泥人张卷

当泥塑材料、工具、颜色等准备就绪,便可以进入"泥人张"彩塑的创作过程。

制作的习俗与工艺

塑 造

塑头步骤一：将泥捏成上钝下尖的鸭蛋形。

塑造步骤：一头、二身、三手

"泥人张"彩塑的人物创作是先塑头部，当头部塑制约有六七成以后，添加身体大形并深入刻画，最后做手，要注意手的比例、结构、形态以及富于情感的变化。

塑造方法：捏与塑

捏——用手捏出大的造型，注意形体的比例、结构、动态，把形归纳为大的几何形状，或呈长柱形，或为半圆形等。

塑——用工具拍、削、压、滚，刻画出细部、细节，并将表面压平、滚光。

"泥人张"彩塑对人物造型的要求很高，不仅要求彩塑人物真实、生动、传神，具有形式美感，而且还要有意境，表现含蓄并富于感染力，给人以美的感受和意蕴联想。

塑头步骤二：添加发际并在其脸形的1/3、2/3处压出眼、鼻的位置，在鼻与下颚的1/3处压出嘴的位置。

塑头步骤三：细致刻画五官，并压出发际纹饰。

塑造步骤一：将泥捏成纵圆锥形。

塑造步骤二：在圆锥形的1/7处压出头形，在1/5压一横线，并压一纵线分割出下肢形体。

塑造步骤三：塑造五官、胸、腹及下肢的几何形体。

塑造步骤四：细致捏塑形象、衣纹及相关形体，并用工具将细节深入刻画，达到生动而传神。

彩绘

开脸：
塗绘肤色——白加赭加黄；
点面颊红——用碳化红点染；
点眼白——用水彩白色点绘。

开眼：
画上眼睑——用焦墨绘制；
点黑眼球——用浓墨点绘。

画眼：画下眼睑——用淡墨描绘。

画眉、绘唇：
画眉底色——用浅墨依眉生长结构晕染眉色，用中墨在底色上依眉生长结构描绘；
点饰眉色——用焦墨在眉的中心部位点饰，使眉有层次感；
画上唇红——用肤色加朱红塗绘上唇；
画下唇红——用上唇色加肤色，使其浅于上唇色；
塗绘黑发——用浓墨色塗画。

当泥塑坯体干燥以后，放入窑中低温（850℃）烧制，随后用砂纸将坯体打磨光滑，便可以彩绘了。彩绘时要"随类赋色，和谐统一"。用颜色描绘，根据不同对象的身份、情感、性格而施以不同的色调。或冷或暖，或朴素或富丽，或强烈或淡雅，最后整体的色彩效果应该是统一和谐的。

给泥塑着色的顺序一般是先头后身、先上后下、先淡后浓、先白后黑，渐次描绘。彩笔的塗绘要厚薄均匀，层次清晰。每一次颜色的塗绘均应待第一遍颜色干燥后，再塗绘第二遍颜色，因为水粉调色中的水分会影响色彩效果，干的色彩与湿色会相差一度，也就是干色要浅于湿色。另外在颜色塗绘时，如果每一笔都是浓浓的湿色复加，很快就会造成龟裂，形成细小的碎纹，很难处理。所以塗绘颜色时，为了准确地描绘色彩，应控制添加每一笔颜色的时序。

唇描绘：
晕染唇线——用肤色加深红晕染唇角及上唇中部，使上唇有立体感；
点饰唇点——用朱红在下唇中心点饰装饰红点；
推润发色——用浅墨、中墨、浓墨依次渲染，使脸色与头发黑色自然相接，退晕自然。

绘制步骤一：
画上衣、下裙：绘上衣——湖蓝加白；
绘下裙——深红加白加绿。

绘制步骤二：
画腰带、内衣：绘腰带——土黄加深红加白；绘内衣——湖蓝加白。

绘制步骤三：
画衣裙、袖口：绘衣裙——普蓝加湖蓝加白；
绘袖口——土黄加白。

绘制步骤四：
画衣、物装饰：腰带装饰——以同类暖红色描绘兰草；
梅瓶装饰——点饰红晶色彩并在其表面涂绘清漆；
衣裙装饰——以黑、白、灰三色完成纹饰图形。

材料与工具

中国民间泥彩塑集成 · 泥人张卷

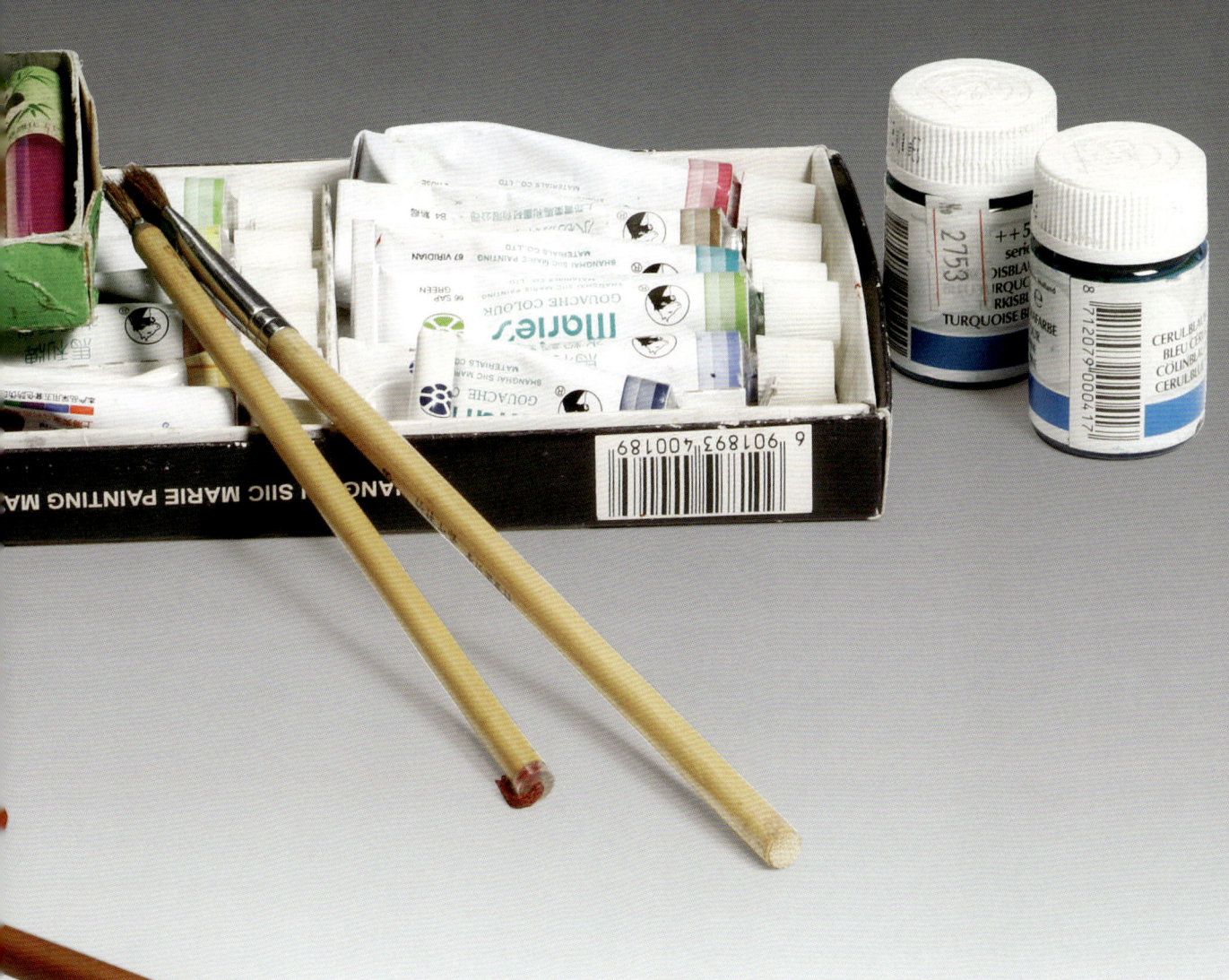

材料与工具

材料

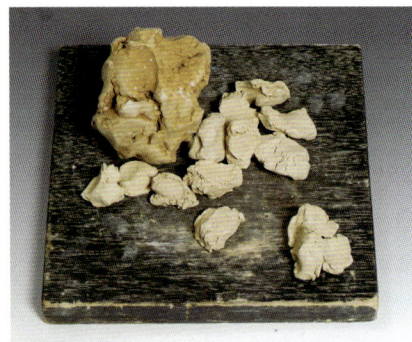

步骤一：
原生干黏土

步骤二：
将黏土放入容器中，添加适量清水

步骤三：
使黏土与水自然相融

步骤四：
从容器中取出融入水的泥土用木棒捶打成扁平状

步骤五：
在其泥中加入棉絮

步骤六：
用木棒捶打，使泥与棉纤维自然相融成细条状

步骤七：
将此泥拍成长方形泥坯

步骤八：
将其放入塑料袋中或容器中待用

　　"泥人张"彩塑的材料选择十分严格，所使用的泥土主要是可塑性好、无杂质的黏土。制作前，先用水将黏土润开，掺入适量棉花或棉纸（棉花与黏土的用量为五比一），用木棒将棉花与黏土混合捶打，使黏土与棉花自然掺融在一起，直至均匀。棉花在黏土中呈棉丝状，将其拍打成方块，放入阴室或装入塑料袋内保存，以备使用。黏土中加入棉花的多少，要看塑制的部位，如塑制头像时要少加，如制作身体、衣袖、手时则要多添加一些，以增加型体强度，防止断裂。

　　为了使塑制中的半成品保持湿润，便于继续加工塑制，保持良好的可塑性，不被风干，需要用塑料袋将其包裹起来。泥塑在塑制过程中，部分塑型干燥时，为了继续捏塑，经常要在泥塑的坯体上喷洒清水。（这些对于初学者是尤为重要的，因为初学者捏制的速度慢，容易造成黏土干燥，无法继续捏塑。）

工具

"泥人张"彩塑所使用的工具，都是一些易于自己制作的普通工具，有些可以在商店里买到。

（1）大、中、小压子各一把。压子是泥塑塑造中不可缺少的工具，用它制作泥塑造型的各个部位。压子是用质料好的红木、塑料、牛角、竹等制成，以竹材为最好，其材料既便于得到，又轻便、富有弹性。压子呈长条形，上尖下圆，根据压子的长短宽窄，可分为大、中、小型。大压子面积较大，适用于压大面和刚劲奔放的大形衣纹；中压子两面较窄又细长，两端一尖一钝用于制作头像的口、鼻、耳以及细密的衣纹和手脚；小压子的面积窄小，用于塑制眼睛、手脚的细部和进行细节刻画。

（2）拍泥板一块。选择质地坚硬的柏木或红木制成长约30厘米、宽约4厘米、厚约1厘米的长方形木板，两面平整光滑，四面磨光。主要用于拍打泥塑大形，如身体的大形、衣袖的大纵面等。托泥木板要求不严格，选用一块平整的普通木板打磨光滑即可。它的用途是代替雕塑台，放在桌上，在它的上面做泥塑。

（3）通鼻棍一支。塑制头像，为了增加它的美感和生动性，使其更为传神，需要扎鼻孔洞。制作扎鼻孔棍，可以将筷子削成又圆又细的竹棍，一头削尖，一端削圆。通鼻孔时，先用尖的一端扎鼻的下方，然后再用另一端重复一次，可使鼻孔圆深适度。

（4）三角形铁刀一把，用它削减泥塑大的胚形。

（5）水碗一个，作笔洗专用。

（6）水彩扁笔，中、小白云笔和叶筋笔各一支。前两种笔用于涂绘大面积色彩，叶筋笔是用于描绘头像的眉、眼及水鬓色彩的渲染过渡。

（7）十二色水粉一盒。以此调配色彩，涂绘于泥塑坯型上，进行有意向的色彩表现。

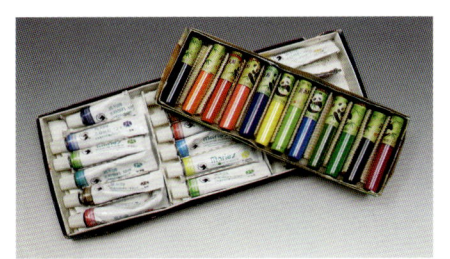
水粉颜料、炭画粉

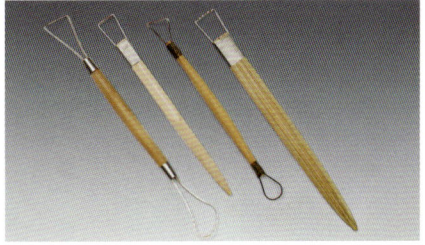
不同型号刮刀

铁刀

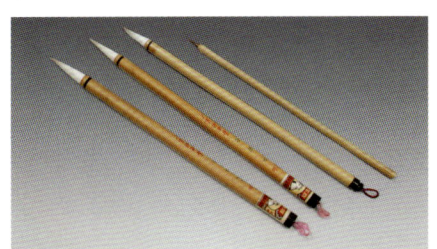
中、小白云笔

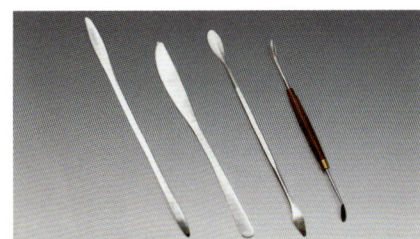
不同型号铁刀

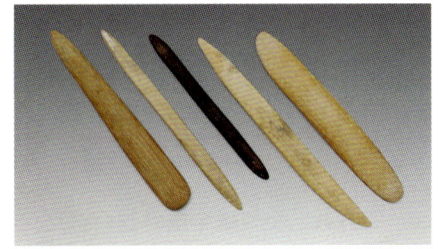
不同型号色的"压子"

大、小拍泥板

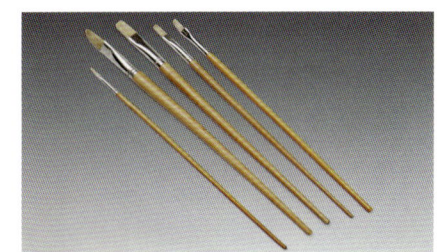
大、中、小号扁笔

销售与艺人

中国民间泥彩塑集成·泥人张卷

"泥人张"彩塑作品的经销,分为新中国成立前和新中国成立后两个时期。新中国成立前主要是以"同陛号"作为"泥人张"经济代理的形式,对"泥人张"彩塑作品进行推介和经销,新中国成立后是以"泥人张"彩塑专营店的形式,对"泥人张"彩塑作品进行专项直销,其中有公有性质的专营店和"泥人张"传人组建的股份制或私有性质的专销店。

销售与艺人

新中国成立前"泥人张"彩塑作品的经销

谈及彩塑作品经销,可追溯至由张明山创立的"塑古斋"。"塑古斋"是张明山健在时创建的泥塑作坊。当时,张玉亭和他的六弟张华堂在作坊中一边向父亲张明山学习彩塑技艺,一边从事彩塑的创作和复制,这些作品多由友人和邻里作为馈赠的礼品,进行定制或索买。那时"塑古斋"作坊只有父子三人,但其社会影响逐渐扩大。由于业务量的增加,逐渐又有张玉亭之子张景福、张华堂之子张景祜以及他们的孙子张铭、张锟加盟"塑古斋"作坊。祖孙六人尊重个人单件原创性的创作,又兼容复制性的分工合作。在复制的工艺流程中,张玉亭、张华堂塑主要人物,张景祜、张景福负责深入调整和精工刻画,张铭、张锟则完成色彩的涂绘和纹饰图案的装饰。于是一件件复制性的彩塑作品,通过他们通力协作的流水线式工艺流程得以完成。祖孙六人的劳作严格按照既定的工艺规范进行制作,保证了艺术质量,得到社会认可,并获得了满意的收益和良好口碑。如《津门百咏》中赞扬泥人的评价:

> 竹马鸠车不倒翁,
> 太平鼓子闹儿童;
> 泥人昔说鄜州好,
> 可似天津样样工。

由于赢得雇主赞誉和相应的价值回报,"泥人张"引起谙熟经营之道的"同陛号"主人赵月延的极大关注,经过双方反复的接触和洽谈,本不擅长经营之道的"泥人张"开始与"同陛号"达成合作的供销意向。

"同陛号"原是一个小杂货店,开始兼营"泥人张"彩塑,后来由于泥人生意红火,它改变了兼营代销形式,成立了专销"泥人张"作品的"同陛号"泥人庄。"同陛号"建在天津商业最繁华的估衣街内,其店铺面积约有40余平方米,分前后两部分。前面一间门房约有30余平方米,门前放一仿真等大的泥塑彩绘男童,其眼睑镶入琉璃仿真眼球,使得双目炯炯有神,生动可爱,好像在不停地环顾四方宾客,招来观者光临。室内两壁是一通到顶的双开门玻璃立柜(或称架眼),里面陈放形态各异的彩塑泥人。后面一间10平方米左右的房间为精品室,两侧墙壁均为一通到顶的玻璃立柜,中心墙壁摆放花梨木中式条案,它的前方放置花梨木八仙桌、太师椅,桌上柜中陈放精致的彩塑精品,环境典雅,颇具中国特色。从19世纪90年代至20世纪40年代初的50余年中,"同陛号"久盛不衰地承揽经销"泥人张"彩塑生意,垄断了"泥人张"彩塑的经营销售权。其具体经销内容与经销方式是:

老估衣街

售卖场景

　　"泥人张"与"同陞号"的经销关系是供与销的关系，但这种关系具有垄断性。"泥人张"的彩塑只能通过"同陞号"向社会推出与售卖。"泥人张"要按照"同陞号"提供的市场需求捏塑彩塑泥人。当然也不排除"泥人张"自行选择题材创作高端彩塑作品，但其作品如需推入市场，就必须交由"同陞号"转售经销。更形象地讲，"同陞号"是"泥人张"的经济代理，它提供创制信息、捏塑材料和经销场地、销售渠道，以及加工制作经费。在他们合作初期，经销形式是采取代销式的寄卖，到了合作的中盛期以后（包括中盛期），其经销形式已经变为买断式的专有性模式。多年来都是"同陞号"派伙计不定期地，或三天或五日，最多不超过一周到"泥人张"的"塑古斋"作坊提取彩塑泥人。每次提取数量以肩挑的两个圆笼为计量容器，约合大件麻姑10件，或中、小麻姑各10件，并将加工的材料费同时带来，至于创制加工费用则采取先计账（记在红札子上），年终结算的方式。

　　"泥人张"彩塑作品主要的顾主群体，一是为自家装点厅堂居室的欣赏者，二是以馈赠礼品为因由的采买者，三是喜爱"泥人张"彩塑艺术的高端收藏者。"同陞号"随时把顾主的需求情况提供给"泥人张"，使"泥人张"在创塑作品题材上既有恒定性的不变题材（吉祥题材的《刘海戏金蟾》、《福、禄、寿三星》、《麻姑献寿》等），又有因顾主定制不同，而进行的特定性创制。这些作品的尺寸一般限定在40厘米、35厘米、30厘米左右，其创制加工费用分别是大洋1元6角、1元、8角左右。这是单件单体式构图，如尺寸特殊、构图复杂的群体造型，或艺术精品，均属特殊取费范畴，其加工费用另议。

　　部分"泥人张"彩塑作为商品形式而进入市场，是由于它来自民间，无论是其构图、造型、色彩，还是形式风格、人文观念都具有一种独特的美感，深受社会各阶层喜爱，因此"同陞号"泥人庄前经常是车水马龙。其经营的"泥人张"彩塑，不仅在天津深受欢迎，还内销到福建、广东、山东、山西等地，甚至由国外商人转手销往日本、英国、法国、比利时、德国等不同国家和地区。这些彩塑的内销量占总经销量的60%，出口销量占总经销量的40%。出口到日本的"泥人张"彩塑占出口总量的70%，出口到欧洲、美洲等国家和地区的"泥人张"彩塑，占出口总量的30%。"泥人张"彩塑还多次远赴重洋，参加国际艺术大展。据张映雪先生在《天津文化史料》（第四辑）中记载："张氏父子作品曾数次参加国际性博览会。张明山曾做一件编织女工生活的彩塑，获得巴拿马赛会一等奖。当时天津市人民集会，大放鞭炮以示祝贺。1915年在美国举办巴拿马万国博览会，'泥人张'参展的作品有16件，被认为是出类拔萃之作，有些国家还将彩塑标明'中国特产'作为珍品陈列。"

　　年复一年，在繁华的估衣街上的"同陞号"里经常是宾客盈门，业务繁忙，于是"同陞号"的老板赵三爷为了适应业务需求，扩大了业务范围，又相继筹开了两个画店。一个是"三合成画店"，约有62平方米，另一个是"宫北画店"，约有60平方米。他们从苏州桃花坞和河北杨柳青买进原始画作，到天津装裱，再行批发和零售。就此，"同陞号"从单店经销逐渐过渡到连锁式经销，从单项艺术品经营扩展为多项艺术品的经销。

　　到了40年代前期，由于受连年战事的影响，"同陞号"的业务趋向萎缩，逐渐衰落。

新中国成立后"泥人张"彩塑作品的经销

新中国成立后随着"泥人张"彩塑艺术事业的不断发展,其社会的认知度得到更加广泛的扩展,其作品呈现地域性的文化特征,造型亲切而生动,深受人们喜爱,成为文化交流、礼品馈赠、文化消费的一种选择。"泥人张"既保持了已获取的良好社会效益,又在此基础上探索开发其彩塑艺术的经济效益,使部分"泥人张"彩塑融入社会经济机制之中,求取经济利益的相应回报,以补充事业经费之不足,为"泥人张"彩塑艺术事业的发展与艺术实践提供了经济支持,也为喜爱"泥人张"彩塑的人们提供了选择、收集和收藏的索购渠道。于是经营"泥人张"彩塑作品的机构、店铺便应运而生了。其中比较有规模和影响的是以下几个:

1.天津"泥人张"彩塑工作室

该工作室成立于1958年,是直属于天津市文化局的专业创作机构,先后由国家拨款约2000万元人民币,占地约3200平方米,建筑面积为1000平方米。彩塑工作室创建初期,其创制的彩塑作品主要以展览、展示为目的,部分彩塑作品是以工作室名义进行销售。1966年"文革"开始后更名为天津彩塑工作室,1983年12月经天津市文化局批准恢复原来的"天津'泥人张'彩塑工作室",并于此时开始将工作室的内部机构调整为创作组和生产组两个部门。同时重点扶植、开发经营性的复制生产组,为该组配备相应的人员、设施与设备,使其复制性制作(塑造泥塑原型——翻模——制坯——修整——烧制——彩绘的全工艺制作过程),既有分工又有合作,各工艺流程紧密相连,完成塑绘结合的彩塑制品。

近期"天津'泥人张'彩塑工作室"的机构又进行了调整,将工作室内部编制人员组建为创作研究部(下设2个组,每组成员为4人)、创作生产部(15人)及展览销售部三个工作职能各有侧重的机构。

创作研究部的成员均为具有高级工艺美术职称或相应职称的创作人员。他们每人每年要创作4件有艺术质量和艺术品位的彩塑作品,并要求每人每月完成个人彩塑作品销售纯利润的定额。

创作生产部的成员采取自定题材、自己创作、自己复制的彩塑创作与复制的生产方式,同时每人每月要完成个人彩塑作品销售纯利润的定额。

研究部和生产部成员的基本工资是按级别由国家统一拨发,其附加工资是在完成每人每月、每年定额任务的基础上从个人作品销售额中获得的相应提成。

他们所创作或复制的彩塑作品均应交由彩塑工作室内部展销厅或展览销售部向外经销售卖。该工作室展示厅面积约有200余平方米。展示厅售卖的作品有三个部分:一是彩塑精品(多年彩塑工作室精选的留存作品或获奖作品);二是原创性彩塑作品(包括过去和现在的彩塑作品);三是复制性的彩塑作品及旅游纪念品。该作品销售范围,是海内外的群众、旅游团队以及文化交流的宾客等。多年来,彩塑工作室所创制的彩塑作品已通过各种渠道销往国内的各主要城市和海外的东南亚、欧美等地,日本芦屋市"中国近代美术馆"还专门设立了"泥人张"彩塑陈列室。"泥人张"为国家赢得了荣誉,为中外文化交流做出了贡献,工作室也在创作与创收的综合实践中取得了丰厚的经济效益,同时这种经济利益又支持和促进了彩塑艺术实践和"泥人张"彩塑工作室的发展。

天津"泥人张"彩塑工作室

天津"泥人张"彩塑工作室经营部文化街店

2．天津"泥人张"彩塑工作室经营部文化街店（文化街店或天后宫店）
天津"泥人张"彩塑工作室经营部鼓楼店（鼓楼店）

天津"泥人张"彩塑工作室经营部文化街店始建于1985年12月12日，当时的名称为天津古文化街"泥人张"工艺品经营部。1993年12月29日该店名变更为天津市"泥人张"工艺品经营部，主营工艺美术品，兼营装饰品及儿童玩具。1998年10月以后该店再次更名为天津"泥人张"彩塑工作室经营部。2003年6月因古文化街翻修扩建，该店歇业，有关人员暂时安排在彩塑工作室、杨柳青店和鼓楼店。古文化街改造扩建工程结束后原有人员重回老店，并恢复现位于天后宫广场以北的老店建制和形貌。

"天津'泥人张'彩塑工作室经营部鼓楼店"始建于2002年鼓楼开街后的10月份。它是除原"泥人张"老店外，唯一由"天津'泥人张'彩塑工作室"重新组建的"泥人张"彩塑专营店。现在为了区分两个店，自然形成了"天津'泥人张'彩塑工作室经营部天后宫店"和"天津'泥人张'彩塑工作室经营部鼓楼店"。

天后宫店和鼓楼店均建立于有天津市人文特色的繁华街市中，同时因其又是旅游景区之一，所以人气很旺。天后宫店的面积约有100余平方米，鼓楼店的面积约有80平方米。两店内饰均摆放2米高的双拉门玻璃橱柜，前面摆放有矮玻璃货柜，柜内陈放大小不等、风格各异、题材多样的彩塑作品，形成丰富多彩、琳琅满目的售卖氛围。

就其经销形式而言，两店均从属于天津"泥人张"彩塑工作室，是彩塑工作室的下属经营部门，受彩塑工作室监管，但其经济属于独立核算，自负盈亏。其经营业务与彩塑工作室既有联系，又自主经营。所谓联系，是经营部承接的定件，均由彩塑工作室人员协助完成，加工费用由彩塑工作室与经营部统一核算。另外，经营部也自由选择和定向、定点批量式定制那些为旅游纪念而设计加工的小型彩塑，其生产厂家大多分布在河北、江浙一带，成为经营部在经销普及性小型彩塑的主要供应厂家。其结算方式或为买断式，或为代销式。前者是当供销双方一旦确定基价，便一次性结清；后者是当货品售出后，再按底价进行结算。

就其经销类别而言，天后宫店因其创办较早，曾尝试过多种经营方式，售品既有彩塑，也兼营其他工艺类商品。如今两店均为彩塑专营店，它们所提供的售品类型可分为高、中、低三个档次，当然普及性小型彩塑要占总经销份额的较大比例。它们针对不同的消费群体，但更多的是普通民众。因此它们也多为反映儿童生活或民俗世相以及喜庆吉祥类题材作品，如《福、禄、寿三星》、《钟馗》、《天女散花》等。肖像类的塑造也深得顾主欢迎，经常接到委托性的塑造肖像的订单，或其他题材类的定制，像中国台湾的一百帝王彩塑、日本店铺民俗人物彩塑等。这些加工塑制均转请彩塑工

天津"泥人张"塑古斋文化街店

天津"泥人张"塑古斋鼓楼店

作室协助完成。

就其经销范围而言，有零售，也有业务批发；既面对零散单体顾主，又接待大型团体宾客；既销售于国内各省市，又直销或转销于国外。因此，其经营销售具有广泛的多向性。

3. 天津"泥人张"塑古斋鼓楼店
天津"泥人张"塑古斋文化街店

天津"'泥人张'塑古斋"鼓楼店始建于2003年9月，其店址位于鼓楼商业街北街，店铺面积约有100余平方米。

天津"泥人张塑古斋"文化街店，始建于2004年9月，其店址位于文化街北口（宫北大街），店铺面积约200平方米。

两个店铺（塑古斋鼓楼店、文化街店）均建在有津味文化特色的繁华街市，同时又都是旅游定点参观的必经之地，因此观光游览的客流长年不断，特别是节假日更是摩肩接踵，到店里的观光者川流不息，效益相当好。这一方面是地域的优势，另一方面更为重要的是老字号——"'泥人张'塑古斋"名声的号召力。"塑古斋"是"泥人张"几代人艺术实践的发源地，并以诚信流芳于世，有相当的社会知名度。今日张明山的后人，第五代张宏英的女儿张凡云、女婿张云龙很有商业头脑和眼光，将黑漆金字的"'泥人张'塑古斋"匾额悬挂在店铺的门檐之上，是一种适应新机制的选择。

两个店铺的内饰均摆放高2米的双向推拉玻璃橱柜，柜前置放低平式玻璃货柜，柜内陈放单体式或组合式的大型组雕彩塑或小型彩塑。两店铺均备有开架式彩塑货品库房。鼓楼店的库房是与店面相连，中间以金属组合式货架自然分割货场与库房，相对独立的两个功能空间。文化街店铺的建筑格局分为二层。一层是售卖货场，二层为贵宾室与库房。贵宾室内陈设有组合式八宝阁架，架上摆放精品彩塑，中心位置摆放办公桌椅，地面铺放兽形图案地毯，一侧墙面摆放仿古桌椅。整体环境营造了一种典雅清静的文化氛围，符合造访者的身份与品味。

两店铺均采取展示与售卖相结合的方式。由于店铺主人自身即"泥人张"的后人，所以店内陈放了由张宏英创作的不同题材、不同造型样式的高端彩塑精品。另外还有彩塑《十八罗汉》，造型精美，形象传神，色彩素雅，堪称组雕式彩塑精品，也陈放在展柜之上，以供欣赏者和收藏者选购。除此之外，还有其他彩塑作者的作品一并在此展示和向社会推出。

就其经销类别而言，考虑到市场消费的不同层次。市场定位是以高档和普及性彩塑为经销重点。店主人既是经营者，又是彩塑艺术的创作者，自身具有原创的及时性，可以将自己创作的彩塑作品置放于店内展陈、售卖，也可以按高端顾主的要求随时创作，形成具有个性化的经营特点。鉴于消费大众化的社会现实，该店同样注意大众的消费群体，经营者力求使彩塑货品广而全。该店还下设生产复制基地，随时按两店从市场得到的第一手信息资料，例如哪些货品畅销、哪些滞销等及时给予反馈，让生产复制基地作出相应调整，或及时创制补充紧俏货品的供应。总之，该店是以展与销、广而全的经营理念指导其经销实践，并通过室内传统文化氛围的环境装饰，以及映现于众多彩塑橱柜间的滚动视频影像，把"泥人张"的重要传承史实以及"塑古斋""正宗、实力、诚信"的经营理念，向光临店铺的顾主们传递出来。

其经销范围辐射国内各省市，其中重点地区有东北三省以及深圳等地，它们定期批量地从塑古斋购入彩塑货品，成为"'泥人张'塑古斋"在那一地区的经销代理，是塑古斋固定客源之一。其国外经销地区主要有日本、东南亚、欧美等国家。

塑古斋以诚信经营、热情服务和开放性理念，使其经销业务稳步地得以发展，在开拓彩塑艺术如何面对市场方面迈出了有益的一步。

4、"泥人张"世家

该店铺始建于2004年9月，是在古文化街调整扩建竣工后复建开业的，店址在宫北大街，紧临"'泥人张'塑古斋"，面积有100余平方米。店面正门高悬由张铭撰题的黑底金字的"泥人张"匾额，在两开式红漆屋门上均张贴第一代张明山的《刘海戏金蟾》、第二代张玉亭的《木兰从军》彩色招贴，两侧外窗张贴第一、二代彩塑代表作的大幅照片。室内直对正门的墙壁，一字排列玻璃展柜，柜中高低错落放置由张宇临摹的张明山、张玉亭的彩塑代表作，第三代张景福、第四代张铭、第五代张乃英的彩塑作品，柜中背板贴有几代"泥人张"作品的彩色图案，并有文字介绍，可以使观者从中清晰地了解"泥人张"家族艺术支系，其中一个支系传承至第六代张宇的脉络和风格取向。展柜内分别陈放"泥人张"代表作品的复制品，这既便于展陈，又易于随时取拿。室内两侧放有低式玻璃柜，柜中适量摆放彩塑小品以供售卖。其室内装饰所创造的展示氛围，让光顾者瞬间便能清楚地意会到主人的经营理念，即以展示为主，销售为辅，要通过展示的图片、文字和作品，更好地宣传"泥人张"其中一个支系的艺术概况，扩大其社会的知名度，促进和提升"泥人张"这一无形资产的社会价值及经济价值。其主人"泥人张"第五代传人张乃英之子张宇，在尊重、弘扬"泥人张"的前提下，以纯熟的彩塑技艺精准地复制第一、二代"泥人张"有代表性的作品，如彩塑《渔妇》、《渔女》、《渔翁》、《少女》等，力求使其以较高的艺术质量，成为有艺术价值的艺术礼品而有偿售卖，同时又自选题材创制彩塑，推向社会。当然，无论是复制先辈彩塑精品，还是独创性地自我创作或复制，均依"泥人张"彩塑艺术的传统形制、风格和尺度。张宇的作品以审美品位和艺术价值定位于中高端的消费群体。该店以作品、图像和文字综合构建的环境氛围，彰显传承中的"世家信息"，从世家映现"泥人张"的艺术品牌，从品牌诠释正宗身份，从正宗铸定价值的经销理念。这既满足了顾主求真的消费心理，又使该店彩塑真品物有所值。这种以展示促进品牌效应的经营模式，也使"泥人张"彩塑艺术面向大众，参与市场，在发挥其社会效益的同时运用其无形资产的品牌效应，探索与其品牌相一致的经济效益。

"泥人张"世家

京城"百工坊"北京"泥人张"艺术工作室

5、京城"百工坊"北京"泥人张"艺术工作室

京城"百工坊"于2003年11月26日正式成立，它是为北京和全国有志于传统工艺美术和民间工艺的业界人士搭

京城"百工坊"北京"泥人张"艺术工作室

建的以展示技艺、介绍人物为特色的共享平台,是传承传统工艺美术、民间工艺,建设人文奥运的基地。它集结了全国顶级大师,开设了特色工艺坊和大师工作室,其中北京"泥人张"艺术工作室,就是其中之一。它是由著名"泥人张"第四代传人、清华大学美术学院教授张锠为领军人物,其子第五代传人张宏岳具体操作、管理的大师工作室。工作室的面积有30余平方米,室内是以红黑为主色调的仿古环境装饰,门楣上方悬挂由李可染先生题写的"泥人张"黑底金字匾额,室内分精品区和演示观览区。精品区内设高2米,双拉门中式玻璃柜,柜中陈列张锠创作的泥彩塑及其他材料的艺术作品。墙壁上悬挂几代"泥人张"传人彩塑代表作的彩色图片。观览区摆放现代金属玻璃柜,里面陈放题材多样、造型各异的小型彩塑,同时放置进行彩塑工艺创作的金属转台,为贵宾演示和操作之用。总体环境的装饰显现了传统与现代的结合,融入"百工坊"整体文化氛围之中,尽显其将民族与民间、心性与个性、文化与品位的融合,成为了解北京"泥人张"艺术的窗口。

北京"泥人张"艺术工作室通过展示作品宣传、弘扬"泥人张"艺术真谛;秉承市场原则,探索其艺术品的准入规律;展示其艺术传承的渐进过程,又推出新题材、新材料、新工艺的艺术新作;既可以目睹精湛的工艺制作,体味工作室的艺术情调,又可零距离与作者交流、参与设计和制作,亲自体验彩塑艺术创作的全过程。工作室所陈列的作品,主要分为以下几个方面:

艺术精品——是"泥人张"第四代、第五代传人亲自设计和制作的艺术精品,并有作者签名和印章,同时备有收藏证书。

艺术商品——是由"泥人张"第四代、第五代传人设计并监制,由其助手协助完成的限量的复制性作品,盖有作者印章。

普及商品——是为旅游纪念性设计并批量复制的小品类作品。

这些作品无论是何种材料,什么样形态,或是品类有哪些不同,都具有真实的材料和精细的制作工艺。尤其是作者原创性的作品,更具有文化品位高、艺术质量精美、价格合理的特点,它们不仅具有传统艺术的精致,还体现了现代工艺的精湛,因而成为收藏家的重点选择之一。

由于"百工坊"是北京市旅游局定点的首都新的人文主题景观,负责接待来自世界各地的国宾政要,海内外友人和国内宾客,加之入坊者均为国家级工艺美术大师或北京市级工艺美术大师,所以北京"泥人张"艺术工作室接待的来访者,主要来自于"百工坊"所承接的有组织的业务同业,也接待个别的来访者。工作室的展陈理念,是通过彩塑及其他艺术作品和图像资料,使来访者清晰而全面地了解"泥人张"彩塑艺术的传承历史、代表人物、代表作品及其艺术继承与创新实践中的当代彩塑艺术新作等相关情况。其作品的经销定位,更多地针对高端群体,如国家礼品、收藏家需求的彩塑精品、国家集团性采购的中高档礼品,以及供艺术爱好者需求的彩塑艺术商品,还有面向旅游者的小型彩塑纪念品等。

北京"泥人张"艺术工作室借助京城"百工坊"这一集展示、传承、创新、售卖的综合性共享平台,以其原创性的专业实力,在参与社会实践的过程中,继承、弘扬并发展"泥人张"彩塑艺术的优秀传统,整合其人力与物力的优势,探索市场规律,使"泥人张"彩塑的艺术性与商品性更好地结合,获取其作品价值的最大效益。

制坯

修整

打磨

绘色

装饰纹饰

开脸

成品

销售与艺人

"泥人张"经销列表

经销	制作
同陞号（19世纪90年代至20世纪40年代初） 经营人：赵月延 地点：天津估衣街	塑古斋（19世纪90年代至20世纪40年代初） 张明山、张玉亭、张华堂、张景福、张景祜、张铭、张铖
天津"泥人张"彩塑工作室经营部文化街店（1985.12— ） 经营人：天津"泥人张"彩塑工作室 地点：天津文化街	天津"泥人张"彩塑工作室 （1958年至今，1966–1983年更名为天津彩塑工作室，1983年恢复原名）
天津"泥人张"彩塑工作室经营部鼓楼店（2002.10— ） 经营人：天津"泥人张"彩塑工作室 地点：天津鼓楼商业街	天津"泥人张"彩塑工作室
天津"泥人张"塑古斋鼓楼店（2003.9— ） 经营人：张凡云、张云龙 地点：天津鼓楼商业街	天津"泥人张"塑古斋（2003.9— ）
天津"泥人张"塑古斋文化街店（2004.9— ） 经营人：张凡云、张云龙 地点：天津文化街	天津"泥人张"塑古斋
天津"泥人张"世家（2004.9— ） 经营人：张宇 地点：天津文化街	天津"泥人张"世家（2004.9— ）
京城"百工坊"北京"泥人张"艺术工作室（2003.11— ） 经营人：张宏岳 地点：北京京城"百工坊"	北京"泥人张"艺术工作室（2003.11— ）

"泥人张"的主要传播与销售区域图

中国民间泥彩塑集成·泥人张卷

地图标注：
- 法国
- 意大利
- 塞黑（原南斯拉夫）
- 北京
- 西安
- 澳门
- 香港
- 销往东南亚

图例
- ★ 中国北京
- ⊙ 中国天津
- ● 销售地点
- 洲界
- 国界
- 未定国界
- 地区界
- 军事分界线
- 运河
- 海岸线
- 河流、瀑布

销售与艺人

"泥人张"口诀与故事·传说

中国民间泥彩塑集成·泥人张卷

「泥人张」口诀与故事·传说

塑诀与绘诀

在"泥人张"的彩塑实践中，除了塑形与彩绘的技艺技法外，"泥人张"彩塑艺术的先辈们还总结了易于记诵传承的塑、绘艺诀，均属口语化短句。包括塑绘方法、步骤、重点、要点以及塑绘的提示与警句。这些艺诀大多合辙押韵，朗朗上口，其句式有三言、五言、七言不等，长短不拘，言简意赅，内容丰富，耐人寻味。

1."泥人张"彩塑口传的塑诀

塑造方法诀：拍、削、压、滚

塑头比例诀：三亭五眼

塑造表情诀：
塑人笑——眉开眼弯、嘴上翘
塑人哭——眉落眼垂、口如弓
塑人怒——瞪眼咬牙、眉上纵
塑人愁——垂眼落口、皱眉头

喜

怒

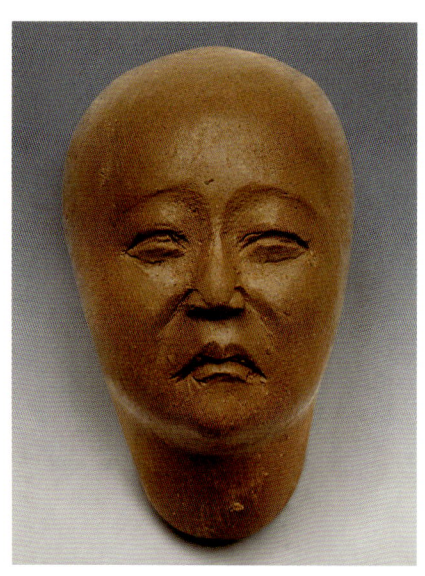

哀

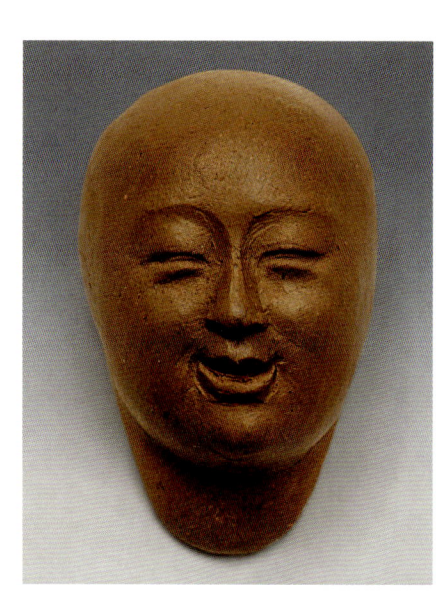

乐

男

女

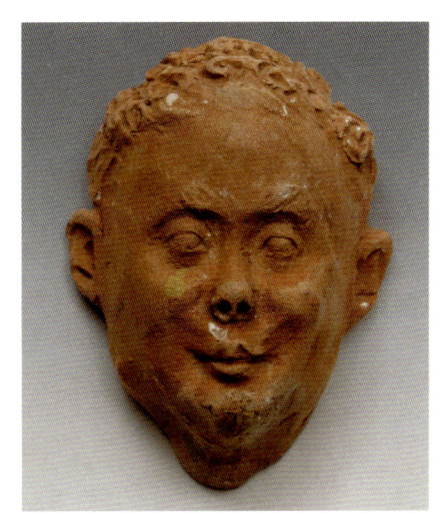
小坏蛋

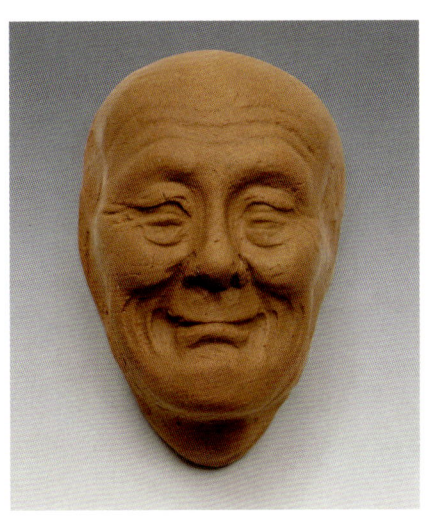
老

少

大坏蛋

塑造头像诀：

男　人——长圆脸形鼻梁方，重眉虎目是英豪
　　　　　方字海口下颚大，天庭饱满品貌高
　　　　　双耳上限与眉齐，耳际下方齐鼻梢

女　人——柳眉杏眼双眼皮，鸭蛋脸形大耳垂
　　　　　直鼻小口牙齐整，杨柳细腰肩下随

老　人——方脑门流水纹，鼻梁方方颧骨沉
　　　　　眼眉细眼窝塌，下巴尖尖向前拉
　　　　　眼睛小眼袋松，耳朵干瘪弯如弓

小　孩——鼻小嘴小眼睛大，五官松散骨骼窄
　　　　　眉毛短散额头大，下颚俏小胖嘴巴

坏　人——鹰的鼻子鹞的眼，尖嘴猴腮眉毛短
　　　　　锥子耳朵脸消瘦，下颚尖骨朝天露

阴险人——驴脸尖顶小下巴，骨头鼻子常年拉
　　　　　鼻头要尖鼻眼长，狗眼一对似豺狼
　　　　　黑珠白珠反差大，两个颧骨向里塌
　　　　　弓嘴薄唇像八字，龇牙咧嘴咬着牙
　　　　　双耳形似贴墙式，耳垂干小粘腮颊

精灵人——长方脸形眼睛大，眼眉长细似笔画
　　　　　眼皮要薄眼球大，通管鼻梁鼻眼窄
　　　　　嘴唇薄翘边要清，腮颊略方小下巴
　　　　　双耳饱满翘而立，层层叠叠要做细

捏塑椭圆形

在其中部压一横线，分出上、下眼睑

用压子塑上、下眼皮，使眼的型体深含于眼眶之中，同时要让下眼睑含于上眼睑之中

塑一上尖下钝的锥体，在其锥体下部压出鼻翼的位置，深入细致地刻画鼻骨及其鼻翼形体

用泥捏塑菱形型体

在其中部压一横线，分割上、下唇形

细腻刻画嘴唇的形体结构，使其饱满而具有柔软的质感

鲁莽人——头阔眉粗眼睛大，狮子鼻子颧骨窄
　　　　　嘴大唇厚又翻着，方腮宽面大下巴
　　　　　脖项圆粗气似壮，双耳肥厚齐眉下

风流人——脸长鼻方长眉梢，秀眼神活气意飘
　　　　　菱角嘴形要微笑，下颚略方腮颊俏
　　　　　耳朵小巧元宝式，风流人物乐逍遥

俊俏人——长圆脑门脸形长，俊眼要大精神藏
　　　　　眉毛要重还要整，长短疏密过眼旁
　　　　　中心线正高鼻梁，嘴要唇厚边要强
　　　　　腮颊下颚形紧凑，两个耳朵轮要厚

风雅人——眉清目秀脸长方，鼻如悬胆天庭满
　　　　　嘴若涂朱棱突出，耳大有轮似滴珠
　　　　　方圆腮颚做仔细，脖项要细莫忘记

武术人——脸方眉粗眼有神，眉长斜立是武人
　　　　　塑眼要选何样目，豹眼圆睁威风露
　　　　　鼻方鼻正鼻挺括，唇宽唇厚唇线塑
　　　　　粗耳厚大切勿平，弯转折叠塑分明

塑造比例诀：以头为准身长七，坐姿五头紧相依
　　　　　　盘坐三头莫忘记，塑蹲四头形得意

塑造体形诀：文人胸襟武者肚，老人脊背美女瘦

塑造衣纹诀：衣纹生成是外因，虚凹实凸不平均
　　　　　　束扎纹样放射形，长短大小塑分明
　　　　　　关节曲张纹折变，交错纹样气相贯
　　　　　　肢体动变纹样显，聚散疏密纹相连
　　　　　　风吹拂动衣当舞，飘波纹形自当属

塑衣质感诀：绸子软，缎子光，碎硬衣纹布衣裳

塑造总体诀：一情——含蓄
　　　　　　二俏——生动
　　　　　　三稳——安定

2. "泥人张"彩塑口传的绘诀

彩绘步骤诀：从上到下，先淡后浓
彩绘要领诀：头色不过四，身色不过三
运笔要领诀：落笔迅速，薄厚均匀
用笔要领诀：直线要挺，曲线要活
色彩要领诀：红要鲜，绿要娇，白要净
　　　　　　红配紫一堆死，红配绿似美玉
　　　　　　红配黄亮堂堂，绿配黄暖洋洋

彩绘总体诀：一新——新鲜明快
　　　　　　二清——清爽干净
　　　　　　三齐——均匀整齐
　　　　　　四跳——火爆强烈

3. "泥人张"彩塑口传的学艺诀

创作四字诀：
　　巧（妙）——构思巧妙新颖
　　灵（活）——造型舒展灵动
　　生（动）——形象生动传神
　　精（致）——塑绘工艺精湛

实践的五心诀：决心——坚定不移
　　　　　　　信心——自信始终
　　　　　　　耐心——持之以恒
　　　　　　　平心——踏实平和
　　　　　　　细心——仔细入微

四练诀：多练——反复实践
　　　　苦练——刻苦勤奋
　　　　练快——触手成形
　　　　练好——精于造化

四多诀：多学——多吸收
　　　　多看——多观察
　　　　多思——多思考
　　　　多做——多实践

《武松》张锠

《鲁智深》张锠

故事与传说

巧塑余三胜

张明山18岁时已练就一手彩塑硬功夫，能在瞬息之间抓住人物的形象特征，用泥将其形象与神态塑造得惟妙惟肖。当时京剧名伶余三胜到天津演出，由于他的表演艺术在群众中影响极大，京津两地家家都传唱这位名须生的著名唱段。于是民间艺人们也多为他塑像、绘像，有许多余三胜的肖像出售。但是这些余三胜的肖像，大都程式化地刻画他眉宇间的三条皱纹，以此种符号化的方式表现余三胜。不管其形态、神态是否像余三胜，只要采取脸谱化的方法描绘其三条皱纹就被认定为余三胜其人。张明山顺应市风，塑造了余三胜的泥塑肖像，但不是仅仅塑造三条皱纹，而是既塑余氏之形，更抓其神，着力刻画他的形象与神态，一展这位名伶的庐山真面目，见者无不叹为绝技。从此张明山名声大噪，成为天津著名艺人。

贱卖海张五

张明山曾受津城恶霸盐商海张五的邀请，为其塑像。家人、好友都劝阻张明山不要为海张五塑像。此人原是津城地痞，庚子年间八国联军攻入天津，海张五对内勾结清朝权贵，对外串通八国联军，内外上下支应有术，因而赢得朝廷的信任，升了官发了财，又拿到了经营盐务的专有权从而暴富。然而张明山却坦言相告友人："干我们这行，就要对人多看多记，好人的面容形象、性格禀性要多看多记，坏人的言行举止、品貌德行也要多看多记。"某日，张明山应邀而至。海张五盛气凌人、傲气十足地坐在厅堂，此时的张明山不卑不亢，昂首直视，瞬间就将其形象、身形捏塑于手中泥土间。返回家后张明山凭着记忆中的印象又把捏塑的泥塑初形进行深入细致地刻画，很快一个大腹便便、目含阴诈、满脸横肉、表情阴阳怪诞的海张五全身像便塑制完成。当海张五派人取回此像，反复观览时，张明山在一旁观其表情，发现他已震怒显于形色，因为此像栩栩如生地再现了他的真实形象。这个流氓充绅士的海张五只好重操旧的伎俩，要尽无赖，百般挑剔。然而性格耿直豪爽、富有正义感的张明山愤恨之极，拂袖而归。他将此像略为改头换面，顷刻间就变成一个典型的流氓像，放在天津北城根的一个小贩摊上，还醒目地上书"贱卖"二字，天津城内为之哗然，遍传"张明山贱卖海张五了"。海张五闻之大窘，只得暗暗地托人把像买回。由此张明山名声大振，盛得津人的赞扬。

刘赶三趣事

清朝末年，北京著名丑角刘赶三曾到天津演出拿手好戏《绒花记》、《探亲家》。张明山曾为他捏过两尊彩塑肖像。光绪年间，这两尊彩塑还陈列在北京大栅栏裕丰西药店的玻璃橱窗中，以供招徕顾客。当时报纸有过这样一段有趣的记载："有一次名丑刘赶三出场，发觉张明山坐在第一排，急忙退下；忽然又上场，并说：'泥人张在台下，我不敢上场，怕他把我丑相捏上了。'弄得台下哄然大笑。"

丑捏李鸿章

"泥人张"捏塑人物造型的绝技传闻不胫而走，天津卫一些有头有脸的士绅商贾以及官员多请张明山造像加以珍藏。时任直隶总督、位高权重的李鸿章也把张明山邀请来为他捏塑肖像。张明山来到总督衙门后，李鸿章却仍然摆出一副凌驾于百姓之上的官架子，全无平等相待之礼。张明山于是抓住李鸿章瞬间的丑态，酷肖地捏成形。李鸿章看了，心中虽有不悦，但又无法施其官威，因为他无法否认这就是他，也只好无可奈何了。

袖捏谭鑫培

张明山为当时许多伶工、时人塑制立体肖像，并留下许多神话般的故事。当时被称为"伶界大王"

余三胜肖像

刘赶三肖像

的谭鑫培对张明山颇为仰慕，总想请这位民间艺术家为自己捏一尊塑像。于是他借在天津演出之余拜访了张明山，并婉转地表示能否求得一尊小像。张明山非常高兴地说："您是大名鼎鼎的谭老板，您的光临是我的幸事，不瞒您说，您的戏我一句也没有现场听过，如果您能屈尊当面给哼几句，让我饱饱耳福，我可趁兴给您捏个像，不取您分文。"从来不肯随便在台下唱半句的谭鑫培，随即唤来琴师伴奏，演唱一段拿手好戏《卖马》。当张明山同谭鑫培分手的时候，从手中递出一件泥塑人物，正是谭鑫培本人，神态之生动，形貌之逼真，超过他以往之作。原来是在那喝一盏香茶的功夫，张明山便触泥成形了。谭氏高兴之极，连连赞扬"神技、神技也"。

有记载云："张明山能手丸泥于袖中，对人捏像，谈笑自若，顷刻捏就，逼肖其人，故有'泥人张'之称。"当时张明山的邻居们也经常赞美"泥人张"是把泥炼成了丹，"叫泥干嘛，泥就干嘛，捏嘛像嘛"。

由此可见"泥人张"的称呼最初是人们对张明山艺术才能的赞美和尊敬。这个亲切的名称一直沿用至今，已成为群众对张明山及其后人们所从事的"泥人张"彩塑艺术事业乃至"泥人张"彩塑艺术传统所形成的艺术流派总的称谓。

从纵向发展来看"泥人张"百年的发展史，可以清晰地看出"泥人张"艺术观念的延伸脉络，观念的不断扩展，创作团队的充实，也可以看出"泥人张"的彩塑艺术正呈现出勃勃向上的生机，这与历代"泥人张"孜孜以求的努力是分不开的。在新的社会大背景下，"泥人张"的彩塑艺术已进入了一个全新的阶段，在创作上取得了可观的艺术成就，在艺术的理论建设上日趋成熟并形成自己的体系。一个全新的发展时期正在到来。

用泥造人昔女娲，以泥人说人锦上花。昔日造人只一家，而今人人(家)而今滿天下

一九五三年六月廿八日題为泳沐張展覽會

郭沫若

后记

在本书即将付梓之时，回顾近三年的编写过程，不禁感慨颇多。

随着商品经济的发展，强势文化的冲击，在当代民间艺术大多呈现衰退趋势的情况下，"泥人张"彩塑艺术却充满生机，这不能不说是一个值得反思的问题。民间艺术形式与商品经济能否有机共存，各级政府的抢救和保护机制能否转化为民间艺术的自我造血机能和自我发展能力，是摆在我们每一个关注和关心民间艺术的工作者面前的实际课题，也是关乎民间艺术最终归宿的一个关键。"泥人张"彩塑艺术何以能够历经百年而不衰，并且推陈出新、不断壮大呢？除了得益于党和国家的重视和扶植，其自身的优势也是非常明显的。概括起来可以归结为几点：首先，"泥人张"彩塑艺术是一个成熟的系统，历经百年，技艺深厚；其次，"泥人张"彩塑艺术是一个开放的体系，不拘门户，广纳贤才；此外，"泥人张"彩塑艺术也是一个发展的体系，不循旧制，与时俱进。

编写本书的过程，更像是随着"泥人张"彩塑艺术的发展历程进行了一次时空旅行。时而心驰神往，时而扼腕叹息，时而欢欣鼓舞。海河河畔、估衣老街、韦驮庙旧址、作坊旧地、鼓楼、古文化街，都曾留下编者采访的身影。对于老艺人和"泥人张"亲属的采访，更是获得了许多鲜为人知的第一手资料。此外，对于生活中的"泥人张"有了更多的了解，在钦佩之余又平添了几分亲切。"泥人张"正是在津门这块土地上生长、繁茂，然后将它的种子散布到了大江南北。从首都高校到澳门特别行政区，"泥人张"彩塑艺术已经在神州大地上处处发芽。

在这近三年的编写过程中，"泥人张"第四代张锠教授及"泥人张"第五代张宏岳频繁往返于京津两地，不论寒冬酷暑，其间的辛劳不言而喻。北京工业大学教师赵健磊曾是张锠教授的硕士研究生，也全程参与了文字的编写和采访工作。人民日报社海外版的高级编辑许涿先生自幼生活在天津，对于"泥人张"艺术也非常熟悉和喜爱，本书的影像文件都是由许先生亲自拍摄的，这保证了"泥人张"艺术作品的真实还原。同时，《今日天津》画报主任编辑张建先生提供了旧津风景、风情、民俗老照片，更为本书增色添彩。另外，清华大学美术学院院刊——《装饰》的前主编何燕明先生以八十高龄逐字逐句对本书的文字进行了推敲与核对，任宇先生曾着以心力，参与本书平面设计，华彩瑞视设计公司的何朗先生等又进行了新的有创意的装帧设计，都为本书增添了许多精致与精彩。此外，冯骥才主席对本书的编写非常关心，曾多次询问进度，这也督促我们更加严格高效地完成本书的编写工作。正是因为有了各方面专家领导的支持与协助，才使本书的撰写得以顺利进行，并取得了今日的成果。在此，也一并表示深深的谢意。

本书目前比较系统全面地集录了"泥人张"的相关弟子们的原创性作品。这些作品的创作者，既含括了"泥人张"有血缘关系的后代传人，又包括了非血缘关系的天津"泥人张"彩塑工作室及其他有代表性的弟子们的作品。然而，在编辑过程中，尽管做出了最大的努力，还是存在不少遗憾和不足之处，比如限于篇幅，许多精彩的作品只能忍痛割爱；再如，由于作者的分散和其他种种原因，几位作者的作品无法收录，这也不能不说是一件憾事。但无论如何，我们都祝愿"泥人张"彩塑艺术事业蓬勃发展；祝愿中国民间艺术事业后继有人；祝愿民艺之花常开，民间文化研究事业蒸蒸日上；祝愿我们正在从事的中国民间文化遗产的抢救和保护工作被全社会所理解和支持，并能够产生巨大的影响，真正为子孙后代留住了民族的根、民族的魂。

编　者

图书在版编目（CIP）数据

中国民间泥彩塑集成·泥人张卷／张锠主编．—北京：
中央编译出版社，2009.9
ISBN 978-7-5117-0019-3

Ⅰ．中… Ⅱ．张… Ⅲ．泥塑－民间工艺－简介－中国
Ⅳ．J327

中国版本图书馆CIP数据核字（2009）第162381号

中国民间泥彩塑集成·泥人张卷

出 版 人	和 龑
策划编辑	吴颖丽
责任编辑	王忠波
版式设计	任　宇　华彩瑞视
封面设计	子之唐文化＋子木
责任印制	尹　珺
出版发行	中央编译出版社
地　　址	北京西单西斜街36号（100032）
电　　话	（010）66509360（总编室）　　（010）66509367（编辑室）
	（010）66509364（发行部）　　（010）66509618（读者服务部）
	（010）66161011（团购部）　　（010）66130345（网络销售部）
网　　址	http://www.cctpbook.com
经　　销	全国新华书店
印　　刷	北京雅昌彩色印刷有限公司
开　　本	16开
字　　数	150千字
印　　张	19
版　　次	2009年9月第1版第1次印刷
定　　价	498.00元

本社常年法律顾问：北京大成律师事务所首席顾问律师　鲁哈达
凡有印装质量问题，本社负责调换。电话 010-66509618

中国民间文化遗产抢救工程

THE PROJECT TO RESCUE CHINESE FOLK CULTURAL HERITAGES

中国民间
文化遗产
抢救工程
THE PROJECT TO RESCUE CHINESE
FOLK CULTURAL HERITAGES